中国住房观察与国际比较

郝益东 著

中国建筑工业出版社

图书在版编目（CIP）数据

中国住房观察与国际比较/郝益东著. —北京：中国建筑工业出版社，2009
 ISBN 978-7-112-11174-9

Ⅰ. 中… Ⅱ. 郝… Ⅲ. 住宅-经济政策-研究-中国
Ⅳ. F299.233.1

中国版本图书馆 CIP 数据核字（2009）第 129163 号

责任编辑：张振光　杜一鸣
责任设计：崔兰萍
责任校对：兰曼利　陈晶晶

中国住房观察与国际比较
郝益东　著

*

中国建筑工业出版社出版、发行（北京西郊百万庄）
各地新华书店、建筑书店经销
北京嘉泰利德公司制版
北京中科印刷有限公司印刷

*

开本：787×1092 毫米　1/16　印张：12¼　字数：400 千字
2009 年 8 月第一版　2010 年 1 月第二次印刷
定价：**36.00** 元
ISBN 978-7-112-11174-9
(18422)

版权所有　翻印必究
如有印装质量问题，可寄本社退换
（邮政编码 100037）

序

全　国　政　协　常　委
政协人口资源环境委员会副主任　　刘志峰
中　国　房　地　产　研　究　会　会　长
原　建　设　部　副　部　长

　　住房问题是重要的民生问题，也是重要的经济问题。建立健全住房保障制度、解决好中低收入家庭住房困难问题，是政府公共服务的一项重要职责。改革开放30年来，我国不断深化城镇住房制度改革，积极发展房地产市场，城乡居民住房条件有了很大改善。但也应看到，一部分城乡低收入家庭住房困难的问题还比较突出；受国际金融危机等影响，我国住房市场又出现了一些新的情况。这些问题如果解决得不好，不仅影响我国房地产业持续健康发展，也会影响社会稳定。因此，需要各级政府和各有关部门根据党的十七大精神，按照科学发展观和构建社会主义和谐社会的要求，进一步提高对住房保障工作重要性和房地产业健康发展的认识，落实住房保障责任，增强房地产市场调控能力，切实解决好城乡居民的住房问题。

　　郝益东同志的《中国住房观察与国际比较》紧紧围绕党的十七大关于使全体人民"住有所居"这一目标，致力于国际视野、理性思考和实践总结相统一，体现了大局意识和创新理念。全书放在历史发展的长河和世界各国的综合比较中讨论住房问题，涉及住房数量、质量和公平等众多命题。对当前房地产领域争论的一些问题，如房价、经济适用房废存、调控目标等等，着力于从体制、机制上找解决办法。纵览全书，使读者循着改革开放三十年我国住房制度发展完善的轨迹,对住房工作的成绩、存在的问题做了一次全面梳理,不难有所发现并有所收获。

本书没有空泛地理论阐述,也没有简单地说教,而是采用实践观察、国际比较和远近兼顾的视角,分九个专题对我国住房政策与未来进行了辩证地解剖和分析。其中,实践观察是作者长期工作的总结。作者在内蒙古自治区政府工作多年,担任过分管建设工作的内蒙古自治区副主席,对这一领域非常熟悉,著作内容为长期积累的实际工作经验和调查研究的心得体会。国际比较方面,作者旁征博引,系统介绍了美国、日本、新加坡等世界不同类型国家住宅发展的历史及其解决住房问题的方法和措施,有利于我们少走弯路,尽快找到一条适合我国国情的住房解决方案。远近兼顾是本书的又一个显著特点。作者立足当前、着眼长远,以切实解决好人民群众的住房问题、促进房地产市场持续健康发展为主要任务,通过对我国住房工作发展历程的回顾,对新形势下我国城镇住房保障和房地产业政策措施的调整要点提出了自己见解。本书的另一个独到之处是对农村住房问题给予了高度关注,从城乡统筹的角度提出了启动农村建房社会化的思路。

本书表述严谨,内容翔实,实事求是,通俗易懂,易于使广大读者系统了解我国住房政策的历史、现状和走势。当然,书中观点乃一家之言,有些建议有待于展开研讨和试验。我希望更多的有志之士热情关注安居问题,积极为我国住房工作出谋划策,群策群力,为实现全体人民住有所居、促进经济社会又好又快发展奠定坚实的基础。

我担任建设部副部长期间,对内蒙古自治区加快城镇发展和改变群众住房面貌的成就是了解的。这其中,就倾注了分管领导的辛勤努力。现在,他又以很短时间向社会奉献了一部特色鲜明、实用性很强的住房问题专著,再次感受了作者致力于促进经济社会协调发展的赤子之心。希望郝益东同志再接再厉,为国家的住房事业和人民群众的安居乐业作出新的贡献。

2009 年 5 月 27 日

目录

导论

一、抓住历史机遇，圆好人民群众的"安居梦" …………… 1
二、汲取各国经验教训，发挥中国安居的后发优势 …………… 8
三、完善政府保障和市场动力相结合的住房制度 …………… 14

第一章 迈向"安居奇迹"

一、从历史看"安居奇迹" …………… 21
1. 计划经济加剧住房短缺 …………… 21
2. 市场化改革是解决住房问题的唯一选择 …………… 22
3. 住房保障制度是维护住房公平的有效途径 …………… 24

二、从现有基础看"安居奇迹" …………… 25
1. 住宅业基础 …………… 25
2. 宏观发展基础 …………… 25
3. 住房制度与政策基础 …………… 26
4. 政治与社会基础 …………… 27
阅读材料：温家宝总理《政府工作报告》节选 …………… 27

三、从国际比较看"安居奇迹" …………… 28
1. 英国——曲折百余年的住房制度 …………… 28
2. 美国——"崇尚自由市场"的住房制度 …………… 29
3. 新加坡——政府垄断市场的住房制度 …………… 31

4. 住宅业发展阶段国际比较 …………………………………… 33
四、负"应对危机"之重 ……………………………………………… 34
五、"安居奇迹"奇在哪里 …………………………………………… 37

第二章　国家住房计划——住有所居的行动纲领

一、为什么要有住房计划 ……………………………………………… 41
二、我国住房目标和住房规划概况 …………………………………… 42
　　1. 基本小康的住房标准（1980～2000年） ………………… 42
　　2. 安居工程（1995～1997年） ……………………………… 44
　　3. 建设全面小康社会的住房标准 …………………………… 44
　　4. 城市住房建设规划和年度计划 …………………………… 45
　　5. 扩大内需一揽子计划中的保障性安居工程 ……………… 46
三、典型国家和地区的住房计划简介 ………………………………… 46
　　1. 新加坡：居者有其屋计划创造了"最适宜居住城市" …… 46
　　2. 日本："五年计划"使居住水平后来居上 ………………… 49
　　3. 美国：多种形式并举的住房项目计划 …………………… 50
　　4. 中国香港：从福利型"公屋计划"到市场型
　　　 "长远房屋计划" …………………………………………… 54
四、制定我国住房十年计划的思考 …………………………………… 55
　　1. 集中解决住房问题面临着重大机遇 ……………………… 55
　　2. 制定住房十年计划的有利条件 …………………………… 56
　　3. 对计划内容的若干建议 …………………………………… 57

第三章　政府资助——从"砖头补贴"到"人头补贴"

一、我国住房补贴现状 ………………………………………………… 60
　　1. 住房补贴的制度安排 ……………………………………… 60
　　2. 实施状况 …………………………………………………… 62
　　阅读材料：拿着补贴买房去 ………………………………… 66

二、有关国家住房补贴的主要做法 …… 67
1. 美国住房补贴概况 …… 67
2. 各国住房补贴的共同趋势 …… 71
3. 取长补短，创建中国模式 …… 74

三、完善以需求方货币化补贴为基础的住房保障体系 …… 74
1. 总结经验，完善以货币化补贴为主的政策 …… 74
2. 明确保障标准和保障对象 …… 76
3. 确保住房保障的资金来源 …… 77
4. 廉租住房制度要回归以租金补贴为主的原本宗旨 …… 78
5. 全面实行经济适用住房的货币化补贴 …… 78

阅读材料：经适房货币补贴再探路 …… 79

第四章　政府建房和市场建房并轨运行

一、我国住房供应体系的现状及存在问题 …… 82
1. 经济适用房 …… 83
2. 集资（合作）房 …… 85
3. 廉租房 …… 85
4. 经济租赁房 …… 87
5. 限价商品房 …… 87
6. 普通商品房 …… 87
7. 高档商品房 …… 89
8. "小产权房" …… 89
9. "城中村"农民出租房 …… 89

二、国外公共住房概况 …… 90
1. 公共住房的起源 …… 90
2. 公共住房政策的类型 …… 91
3. 公共住房资金来源及建设方式 …… 92
4. 公共住房存在的普遍问题 …… 95

阅读材料：公共住房的另一面 …… 97

5. 公共住房的共同走向——市场化 …… 99

三、走以政府为主导、市场为基础的住宅业发展道路 ········ 100
  1. 辨析政策取向 ·· 100
  2. 廉租房——政府保障与市场机制"嵌入式"结合 ········ 102
  3. 经济适用房——政府职能与市场机制"胶体式"结合 ··· 103
  4. 商品房——政府主导和市场机制"分层式"结合 ········ 104

第五章 住房金融——锁定中层 兼顾上下

一、我国住房金融概况 ·· 107
  1. 简要发展过程 ·· 107
  2. 住房信贷总量增加，增速趋缓 ····························· 107
  3. 住房公积金的创立与发展 ·································· 108
  4. 个人住房贷款流向高收入群体 ····························· 109
  5. 个人住房贷款的风险被过分高估 ·························· 110

二、有关国家住房金融简介 ··· 111
  1. 日本：政策性金融与民间金融相结合 ····················· 111
  2. 美国：政府主导的市场化融资体系 ························ 113
  3. 英国：政府支持的互助式住房金融 ························ 116
  4. 发达国家住房金融政策的若干特点 ······················· 117
  阅读材料：从贷款欺骗到次贷危机 ···························· 118

三、完善我国住房金融政策的几点思考 ···························· 119
  1. 住房信贷制度要兼顾经济性与民生性 ···················· 119
  2. 住房信贷面向中层就是面向大众 ·························· 120
  3. 加强风险预警及防范 ·· 120
  4. 围绕消费扩大住房公积金的作用 ·························· 121
  5. 发行购房债券，加快落实经济适用房制度 ··············· 122

第六章 平抑房价须釜底抽薪

一、房价上涨与治理效果 ·· 124
  1. 房价与收入的基本态势 ····································· 124

    2. 房价收入比的差异性 ………………………………… 125
    3. 房价上涨过快的主因判断 …………………………… 126
    阅读材料：年报披露地产公司"不差钱" ………………… 131
    4. 本轮平抑房价的措施与成效 ………………………… 131
二、若干国家和地区制止房地产泡沫的主要做法 …………… 134
    1. 日本：拖延导致长期低迷 …………………………… 134
    2. 韩国："疏""堵"结合治理高房价 ………………… 135
    3. 美国：以法律维护大众住房消费 …………………… 135
    4. 中国香港：从放任到低迷 …………………………… 137
    5. 中国台湾：大起大落与发展挫折 …………………… 138
三、治本之策——确保大众住房消费的主体地位 …………… 139
    1. 维护住房供求关系的动态平衡 ……………………… 139
    2. 从保护中层到大众住房消费 ………………………… 139
    3. 坚决清除投机炒房 …………………………………… 141
    4. 防止垄断，有序竞争 ………………………………… 142
    5. 价格监管与指导 ……………………………………… 143

第七章 完善税制——调节房地产经济和住房公平

一、我国房地产税制现状 ……………………………………… 145
    1. 调节功能及效果 ……………………………………… 146
    2. 现行涉房税制存在的问题 …………………………… 147
    3. 住房保有税（物业税）缺失原因及不利影响 ……… 148
二、国外住房税制的若干特点 ………………………………… 150
    1. "高税负、高减免"调节住房差距 ………………… 150
    2. "高税率、严征管"预防投机炒房 ………………… 151
    3. "保有税重、交易税轻"促进房地产业繁荣 ……… 151
    4. 固定税率稳定地方财政收入 ………………………… 152
三、关于出台房地产税（物业税）的几点思考 ……………… 152
    1. 出台物业税的时机已经成熟 ………………………… 152

  2. 选取适当名称 ··· 153
  3. 合理确定"基本住房"的免税标准 ··················· 153
  4. 建立信息、诚信、估价制度 ······························ 154
  5. 克服难点，消除"盲区" ································ 154

第八章 农民建房——从自发式向社会化转变

一、我国农村建房现状 ··· 155
  1. 二元结构下农民自发自助式住房建设 ············· 156
  2. 新时期农村建房的新类型 ······························ 157
  3. 村庄规划 ··· 159
  4. 农村住房建设存在的主要问题 ······················· 160

二、美国、韩国对农民住房的资助 ······················· 161
  1. 美国：以抵押贷款支持农村低收入家庭住房 ···· 161
  2. 韩国：为农民在城里建房 ······························ 162

三、农民住房建设的若干思考 ····························· 163
  1. 农民建房社会化势在必行 ······························ 163
  2. 村庄建设要规划先行 ····································· 164
  3. 土地流转注入村庄建设新活力 ······················· 165
  4. 启动发展农村住房金融 ································· 165
  5. 创新体制，降低农民建房的社会成本 ············· 165
  阅读材料一：联建推动农房重建 ·························· 166
  阅读材料二：贵州遵义"新农村建设"春节见闻 ···· 167

第九章 职能与机构——强化政府主导

一、我国住房管理现状 ··· 170
  1. 行业行政管理 ·· 170
  2. 住房法制 ··· 171
  3. 住房金融监管 ·· 171
  4. 住房价格监管 ·· 172

二、若干国家住房管理特色 …………………………………… 172
 1. 美国：议会决策，政府执行 …………………………… 172
 2. 日本：政府主导，社会参与 …………………………… 173
 3. 新加坡：政府统管，市场化运营 ……………………… 174

三、我国应加强的住房管理职能和机构 ……………………… 175
 1. 加强住房法制建设 ……………………………………… 175
 2. 加强住房保障职能和机构 ……………………………… 175
 3. 强化房价监管职能 ……………………………………… 176
 4. 加强农村建房的支持和指导 …………………………… 176
 5. 建立条块结合、职责分明的政府职能发挥机制 ……… 177
 阅读材料：美国救房市计划的新进展 …………………… 178

主要参考文献 …………………………………………………… 181
后　记 …………………………………………………………… 183

导 论

　　本书试图以实践观察的视角、国际比较的视角和近期与远期发展相结合的视角,对我国如何抓住难得的历史机遇,实现人民群众的安居目标,即全面解决住房的数量、质量、公平问题进行综合分析,试图从当前房地产界争论不休、乱象丛生、内耗严重的困境中理出多一些共识、多一些和谐、多一些共赢的发展思路。此前,作者曾在不同媒体上发表过三篇短文,概括了主要观点。现略作修改,汇集于此,权作本书的前言。

一、抓住历史机遇,圆好人民群众的"安居梦"

　　解决人民群众的住房问题,一直是党中央、国务院十分关心的一个具有民生和经济双重意义的重大问题。近几年国家出台的关于规范房地产业的文件都是以"住房"为出发点和落脚点的。2007年国务院住房工作会议的文件中正式使用了"住宅产业"这个词。当前社会上热议的"楼市"问题,实际所指都在住

宅产业（或住宅业）范围之内。从国外来看，各国政府所关注的是住宅业（housing），而普通的房地产业（real estate）都是由市场调节发展的，政府很少进行直接干预。因此，讨论住房问题时，使用住宅业概念比用宽泛的房地产业概念更容易把当前我国面临的问题理清楚，以便更容易达成共识。

1. 认清形势，创造中国经济与安居双奇迹

中华民族历来追求安居乐业，但是真正能够把安居梦变为现实是在改革开放以后。特别是经过十几年的住房制度改革与住宅业的快速发展，我国总体上进入了居民住房条件最好的历史时期。从世界各国解决住房问题大体要经历两个阶段，即住房严重短缺阶段和住房改善阶段的角度来看，目前，我国城乡居民住房严重短缺已成为局部现象，人均住房面积和住房自有率都不算低，但住房的成套性、功能性、安全性比较差，部分低收入家庭住房困难的问题突出。因此，目前住房形势正处于从严重短缺转向力求改善提高的阶段。与一般发展中国家相比，我国普通居民的住房条件是最好的；与发达国家相比，我国的住宅业已经有基础、有能力发挥后发优势，借鉴世界各国成功的经验和失败的教训，更好、更广泛地满足人民群众的住房要求。特别应当指出的是发达国家的住房保障制度都是为应对经济萧条、战后重建、自然灾害与社会动荡等极端不利的外部环境而被动建立起来的，但是我国是在顺境中，在经济社会发展又好又快的情况下主动提出了群众"住有所居"的历史使命。住宅业实现大发展正逢其时。我国通过改革开放30年，创造了举世公认的经济发展奇迹。现在已经有条件再以10年左右时间的努力，达到发达国家经过100多年、亚洲"四小龙"经过40年左右才积累形成的现代住房体系的水平，再创一个中国安居奇迹。

当前，中央把保障性安居工程作为扩大内需的首选，标志着住宅业发展新的历史机遇已经到来。我国住宅业发展具有前所未有的有利条件：

一是政策导向条件。党的十七大报告把"住有所居"作为社会公平正

义的重要内容，提到各级领导的重要工作议事日程。

二是制度保障条件。经过改革开放和宏观调控，适合国情的住房制度已经基本建立，住宅业的发展有法可依、有章可循。例如，一度严重干扰住宅业稳定发展的投机炒作行为现在已经从制度上受到严格限制，随之少数人的投资性住房需求也得到有效遏制。而大多数群众对住房的安居和改善性需求越来越有力地受到法制和政策的保障。

三是社会条件。经过多年实践和探索，一些难点、热点问题逐步显露和解决。特别是近年来的市场起伏有助于人们进一步找准症结，完善政策，统一思想，形成全社会支持解决住房问题的合力。今年以来，全国有不少城市纷纷出台了"救楼市"的政策和措施，有些已经收到实效。一些城市把对经济适用房的财政支持由"暗补"改为"明补"，为政府职能利用市场机制提供了新鲜经验。

四是经济条件。现在市场上大量的待售房为加快解决中低收入家庭的住房问题提供了实物条件；国内银行大量储蓄存款为加大投资，推动住宅业发展提供了资金条件；随着国家进一步扩大内需政策的落实，原材料工业的巨大产能必然会增强住房建设的物质条件。

五是后发优势条件。与"样板"国家开始着手解决住房问题当时所处的条件相比，我国住宅业发展的主动性和有利条件是十分明显的。例如，美国从1934年成立住房管理局后探索和实行了多种住房保障形式，每年投入大量的财政资金资助建房、购房或租房，到现在历经70多年，住房自有率仅达到70%左右，仍然存在住房困难者和无家可归者。再如新加坡，虽然是本国人口仅有300多万的城市国家，政府有条件连续多年致力于大量投资兴建"组屋"，住房拥有率也达到很高指标，但住房的功能性却曾经受到质疑，不得不进行大规模的重建和翻新。我们只要认清和利用好自身的有利条件，就能够避免弯路，切实解决好当前我国住宅产业面临的各种问题，更快更好地使人民群众圆上"安居梦"。

2. 住宅产业治乱自强才能抓住机遇

我国住宅业历经"启动难"、"发展难"之后，目前进入了解决"公平难"的关键阶段。特别是经过近几年的高速发展，深层次矛盾突显，面临着购销停滞、救市失效、风险加大的问题，总体上可以用"僵持"二字来概括。这种局面的形成有其客观原因。其一，住宅业仍然还是幼稚产业，需要有一个不断调整和完善的过程。其二，是理论层面的争论不休和发展实践的突飞猛进同时并存而又相互影响，增加了问题的复杂性和解决难度。只有采取标本兼治和理论与实践相统一的方法，理顺住宅业发展和住房公平的关系，才能避免大起大落，进入持续健康发展的轨道。

理性认识方面有些基础性问题需要尽快澄清，形成共识。比如，对住宅业的经济性和社会性如何把握和兼顾；住宅领域的"炒房"现象如何彻底根治；政府职能和市场机制的关系如何理顺；如何建立合理的价格形成

机制和有效的调控方法；如何进一步发展住房金融和有效防范金融风险；如何切实处理好价位功能等显性指标与质量安全等隐性标准的关系等等。住宅问题的社会性、全民性和特殊性要求我们必须随着发展实

践的进程而不断深化理论和政策方面的研究。例如在改革开放初期为了打破"福利分房"模式的束缚,人们更多关注市场化改革;而目前收入水平和住房条件的差距不断拉大的现实又要求人们更加重视民生公正问题,对政府职能提出了新的要求。因此,决策部门要及时综合各种研究成果和讨论意见,从实际情况出发,形成统一的指导思想和政策措施,用以规范和保障住宅业的正常发展。再如,对国外的住房保障模式也要客观分析,各取所长。美国的自由市场模式、欧洲的合作建房模式、新加坡的政府垄断模式都各有利弊。目前世界上还没有哪个国家完全彻底地解决了住房问题,也没有哪一个国家的模式具有复制或模仿的普遍意义。我国作为13亿人口的大国,决不能简单地照搬套用他们的做法。

实践方面存在的问题,有些是因为制度设计本身与实际脱节;有些是因为有法不依,有章不循,致使出现住房类别繁杂、运行紊乱的局面。具体表现为:

一是廉租房制度到底主要"补人头"还是"补砖头"以及二者如何互相有机结合,长期议而不决,投入不足,住房管理机构难以适应重新建设和管理大量"公房"的要求。

二是经济适用房的审批、建设、分配、管理等环节与普通商品房的关系错综复杂,不仅监督管理成本高,而且难以达到规范要求。政府对经济适用房大量减免的税费很大一部分没有真正惠及中低收入者。

三是商品房投机炒房和"地王"垄断导致高房价成为顽症,经过轮番进行多项限制措施强力干预后,终至出现全面紧缩银根,全局僵持。商品房中的"两限房"所附着的税费流失更加严重,而且并未起到平抑房价的作用。对"豪宅"所超额占用公共资源则缺乏有效的补偿和治理办法。

四是所谓"小产权房"的蔓延呈加剧态势。一部分不法开发商利诱乡村干部，利用集体土地非法建设商品房，直接损害耕地保护的红线。目前暂时受惠的各方主体最终将都没有赢家，却留下了大量社会不稳定的隐患。

五是农民自建出租房的安全问题日益突出。由于城中村改造和城边村整治工作没有及时普遍展开，导致私搭乱建现象越来越严重，"筒子楼"、"握手楼"等无序建设对统筹城乡规划建设形成新的障碍。

六是农村建房无主管、无规划、无法可依的问题亟待解决。发达地区正在进行的农村社区建设和撤村并建实际上是农村就地城镇化，但是在现行的二元体制下，对这部分房屋无法规范。住宅业的涉及面非常广，只有在科学发展观的指导下，统筹兼顾，梳理和解决理论层面和实践层面出现的各种问题，科学决策，自强体制，才能承担起当前面临的历史性重任。

3. 打破住房市场困局，负"应对危机"之重

当前，国家着力扩大内需以应对全球金融危机对我国的影响，应该说住宅业是见效最快、带动力最强的产业，既可以拉动投资，又可以扩大消费，而且这种消费是长久的、切实有效的消费。住宅业对扩大就业、吸纳农民工的作用也是其他任何产业都无法取代的。人民群众衣食住行四大传统消费领域，目前总体上已经实现衣食无忧，住行必然成为物质消费的大头。大力发展住宅业顺应民意和历史潮流。但是我国住宅产业现在面临着两种出路：一种是利用前几年大发展的基础，顺势而为，整顿乱象，推进持续健康发展；另一种可能性就是继续僵持下去而出现大的挫折，导致大批企业倒闭，银行坏账增加，"半拉子工程"出现，群众住房愿望落空。我们必须趋利避害，把住宅业作为拉动内需的龙头产业，把住房保障作为

关系民生的公共工程，把大量闲置的产能、资金和劳动力释放出来，实现国民经济稳定增长和解决群众住房问题一举两得。

①进一步深化住房制度改革。要切实建立和完善政府职能和市场机制有机结合的住宅业发展体制。在应对亚洲金融危机过程中，我国完成了从福利分配到货币化分配的住房制度改革。当前应推进政府建房和市场建房并轨运行，重点推行以经济适用房货币化直补为内容的第二次房改。只有打破政府职能和市场机制互相割裂、互相干扰的局面，住宅业才能形成继续发展的内在动力，为解决人民群众的住房问题发挥应有的作用。

②统一目标，合力应对。面对住宅业目前出现的困难和矛盾，只有把各方面的目标统一兼顾起来，才能形成合力，和谐发展。要在中央扩大内需、增加就业、改善民生的总目标下，统一思想认识，兼顾各方利益，形成和谐、规范的住宅建设、供应、管理和服务体系。首先要满足群众住房的合理要求，既要解决住房困难问题，又要满足不同层次改善住房条件的需要。同时，要维护开发商的合法利益，以规范的市场机制引导企业在有序竞争和扩大消费中获取合理利润。支持地方政府用好调控权，用经济、法制和行政相结合的调控手段促进住宅业持续健康发展。城市政府要利用好土地增值收益和房地产税费收入，加强基础设施建设和公共服务。金融机构要在扩大住房信贷中发展壮大金融业，防止"惜贷"影响全局和自身的发展。

③提高认识，加强领导。现阶段应把住宅业列为仅次于农业的第二大民生产业，作为各级领导的重要任务，不断完善政策措施，切实解决好发展过程中不断出现的矛盾和问题，集中力量狠抓若干年，在加快解决群众

住房问题的同时，有效推进经济发展、城镇化进程和社会主义新农村建设。当前作为应急措施，可以研究专门发行国家和地方债券，面向中低收入家庭发放有偿低息购房券，以迅速搞活住房市场。

二、汲取各国经验教训，发挥中国安居的后发优势

现代住房保障制度在漫长的探索和建立过程中，各国都经历过住房严重短缺和改善提高两个阶段，目前仍然还在不断地完善和发展。我国的住房保障工作起步晚、任务重，但现在面临的机遇和条件都很好。正确地吸收和运用世界各国的成功经验和失败教训，有可能在短时期内把世界上人口最多大国的住房问题解决得更好。

1. 国外住房保障的主要做法

①把握社会性与经济性兼顾的特殊性。住房是商品、公共品，还是准公共产品？在世界各国住房制度中的理解和定位是不同的。在计划经济体制下，住房是政府和单位必须包办的福利，结果因无法解决大多数人的住房问题而不得不进行住房市场化改革。在现代市场经济国家，因经济、社会、文化背景不同，住房制度也有很大差异，但全部都认为住房是特殊的商品，都以立法来保证居住权的平等，通过发展住宅业和补贴中低收入家庭两个路径加快解决居民的住房问题。房地产业是英国经济的三大支柱之一，市场能够保证中高收入家庭自主地选购到合适的住房，同时政府对无力解决住房问题的居民提供实物或资金，帮助他们或买或租得到"体面的可负担的"住房。美国为应对上世纪30年代经济大萧条，解决严重的"无家可归"和"贫民窟"问题而专门立法，成立了联邦住房管理局，每

年拨款为住房金融提供担保,并为困难人群供应公共住房或租房券补贴,形成了通过自由市场经济实行住房保障的模式。日本和亚洲"四小龙"在上世纪60年代随着经济起飞,工业化、城市化加速,住房问题日益突出,政府开始直接干预市场。但是在具体操作上也有所区别。新加坡政府垄断住房建设,保持了低价位、低租金、覆盖广的住房保障模式。日本和我国香港地区则采取"保低不限高"的办法鼓励市场自由发展,形成了高地价、高房价、高福利的特色。

②政府建房的不同结局。对低收入者由政府直接建造提供住房以美国实行较早,暴露的问题也较集中。除对战争期间受伤致残的军人和部分老年人的住房保障作用明显外,对一般低收入者住房的有效性一直受到质疑,最终因覆盖面小、资金不足、运行和管理成本高等各种经济和社会问题而正式宣布中止。美国1949年曾经通过法案在6年内要建81万套公共住房,但实际只建成25%。美国社会常用"好像经过巷战"、"好像监狱"等字眼形容公共住宅区。公共住房难以为继的典型事例发生在密苏里州圣路易斯市,由联邦政府提供资金、拥有2000多套住房的一群现代公寓楼因入住率低(最高不足三分之一)、犯罪率高、管理财务危机而在建成18年后于1972年实施人工爆破夷为平地。

政府建房比例最高、一直持续至今的是新加坡。每年国内生产总值的9%要用于住房建设,全国320多万人口中有84%左右住在"组屋"。新加坡发挥单一城市国家和强势政府的有利条件，采取低水平（一居室）起步向高水平（多居室、公寓楼）逐步更新的战略，加之实施定期的翻新工程，与"经济起飞"保持同步推进，满足了居民在不同阶段的住房需求。新镇的滨海住宅区可以与世界上最新设计建造的富人区相媲美。尽管如此，近年来人均国民生产总值稳居世界前 10 位的现实，促使人们越来越追求私人住宅。新加坡政府在"21 世纪城镇"的规划中调低了"组屋"的比重，私人住宅和共管公寓将达到 40%。

其他国家在不同阶段也以不同方式进行过政府直接建房。英国二战后建设的公房在上世纪 80 年代私有化浪潮中被大量出售。但近年随着外籍人购房和投机性购房的增多，又允许地方政府参与建造面对低收入家庭的"可负担住房"，可以说英国住房制度摇摆于福利政策和市场政策之间。瑞典是世界上著名的福利国家，从 20 世纪 30 年代起即面向全民提供住房，但是在具体操作上注重多元化，只是在住房建设高潮后期的 50~60 年代曾提出过 10 年百万套的公房建设计划。目前在 420 万套房产中，公房占 22%，合作所有占 18%，私有自住占 42%，私有出租占 17%。

③多种形式发展住房金融。昂贵性是住房的基本属性之一。如果没有金融支持，大多数居民无法靠自我积累的资金购买符合标准要求的住房。因此，住房救助目标之外的公民都应当是住房金融服务的目标人群。美国形成了政府担保机构和商业金融投资机构互相促进的模式，其住房金融业的规模是世界上最大的。日本在二战后为了解决经济恢复与住房建设争夺资金的矛盾，政府设立了金融公库等专门机构，与私营住房金融机构相结合，形成了与商业银行相对独立的政策性住房金融体系。英国建房协会是按法律规定与其他金融业独立的、会员以储蓄互助融资的非盈利机构，16 家最大的建房协会占全国住房金融业务的 80%。

④财政补贴——从"补砖头"到"补人头"。财政补贴包括土地优惠、税费减免、专项拨款，是政府对中低收入家庭实行住房保障的基本手段。补贴的环节有对供给方补贴建房（补砖头）和对需求方补贴购房和租

房（补人头）两种类型。综观各国住房制度的发展历程，可以看到：一是在市场上住房短缺时，主要"补砖头"，以迅速解决房源不足的问题。而在政策取向主要为迅速扩大受益人群时则"补人头"。二是强调住户自由选择权时"补人头"，如美国在上世纪中期之后实行了租房补贴、购房补贴、代金券、住房津贴、贷款担保等多种直接补给住户的政策。而强调纳税人的钱投放项目便于核查时则"补砖头"，如英国两党政府在70年代之前都不愿放弃住房实物分配政策。三是目前向"补人头"转变是大多数国家的趋势。主要原因是从供给方"补砖头"到需求方的目标受益人要经历众多环节，建设和管理成本高，在信用程度低的群体中违约率高，片面追求低成本而导致房屋质量和性能下降等。而直接对消费者进行补贴则环节少，资金利用效率高，便于操作，能够保障房屋供需双方的选择自由。

⑤遏制"炒房"与"炒债券"的危害。国外房地产的炒作投机主要发生在商业类房地产，直接对住宅进行炒作的并不普遍。在房产高税赋和住宅市场监管严密的情况下，直接对住宅炒作投机很难获利。韩国政府针对房价上涨较快的问题，采取了疏、堵结合的办法进行治理。"疏"是扩大优质低价房的供应量，前几年曾经制定计划公共宅地和民间宅地建房总计达164万套。"堵"主要是提高转让税、登记税、保有税的税率，使炒房的成本十分昂贵。对拥有3套以上住宅的居民转让税高达60%。日本在20世纪70年代的房地产泡沫主要发生在商业性地产领域。为防止对住宅价格的影响，日本政府采取了降低土地成本、增加国库补助、指导旧城更新建房等措施，有效控制了居民住房支出。

对房贷为基础的金融衍生品进行投机炒作的危害性更加巨大。美国的次级抵押贷款源于上世纪后期"让穷人也能拥有一套住房"的"美国梦"。

但是，政府和公众希望降低贷款门槛的良好初衷却为金融投机家提供了绝好的炒作机会，他们发明了令人眼花缭乱的金融衍生品，吸引各类金融机构乃至不少国家的主权基金共同参与投机。美国家庭利用充足的资金供给使住房自有率提高了好几个百分点，住宅的大量兴建也促进了整个美国经济的发展。但是到2006年，美联储连续数次加息使房价出现了下跌，经过近两年的演变，使全球的房地产、金融业乃至整个实体经济遭受了前所未有的打击。全世界已经对金融投机加强监管达成了共识。这也从反面证明，现代住房制度只有遏制投机炒作，才能不断完善与发展。

⑥政府职能的定位与发挥。美国、瑞典、新加坡都自称是世界上住房最好的国家，但是其住房政策却差别很大。美国是特惠制的典型代表（类似国家还有英国、加拿大、澳大利亚等），政府只对少数困难家庭进行特别资助，中央财政用于住房项目及其社区建设的资金较少（90年代为2%左右）。英国政府支持的建房协会以合作金融的方式大大提高了公共住房政策的受惠面。实行普惠制模式的有瑞典、新加坡、日本等，中央财政用于住房项目及其社区建设的比例较高（90年代为13%左右）。新加坡采取政府垄断大部分市场的方式解决住房问题。瑞典公有和合作建造的住房占三分之二。日本公有资金支持的住宅数量接近一半。但是这些国家由政府建造的住房大部分出售给了私人，政府自行管理的比例并不高。

⑦实施住宅计划。在世界各国针对中低收入家庭的住房计划中，以日本、新加坡持续时间最长，内容最丰富，实施结果也最好。日本从1966年至1995年连续实行了6个五年计划，建设标准历经一户一套、一人一房、平均水准，到"舒适而优良的住宅资产"，使日本的住房水平后来居上。新加坡的"居者有其屋"计划从1961年至1995年分7个五年计划实施，从23.5平方米一室一厅起步，到120平方米五室一厅以及面积更大的现代化公寓为主，共计建设了74.6万套公共住宅，创造了经济起飞和住房保障的双奇迹。我国香港地区早在1953年就制定实施了为期20年的"公屋"计划，以后又制定实施了为期10年的"居者有其屋"计划，从

1984年开始鼓励私人参与实施"长远房屋政策",公共住房政策从福利性质转向以提供优惠贷款而鼓励购房。

⑧完善住房法制。很多国家都把住房立法作为国家的大法,并形成了完备的法律体系,对住房保障提供依据,明确目标,规定方法。英国于1890年制定《工人阶级住宅法》、1919年制定《住房法》开启了现代住房制度的法制建设进程。美国1934年制定的《国民住宅法》立足于帮助穷人成为房主,被称为20世纪第一个公平住房法令。美国住房保障立法的特点是不断根据实际情况及时修改原有条文或制定新法律,从财政拨款、补贴方式、保障当事人权益、灾区房屋救助、农村居民、社区配套建设等所有方面进行具体规定。日本的住房保障立法达40多部,其中50年代制定的《住房金融公库法》、《公营住宅法》、《住宅公团法》等几部重要法律为完善住房法制提供了基础。

2. 启示与借鉴

①博采众长,创建中国模式。目前世界上还没有哪个国家的住房制度具有普遍推广意义。美国注重市场机制,瑞典强调社会福利,英国致力于互助合作,新加坡采取垄断经营,日本信守"保低放高"等作法在本国当时的条件下都有其合理性,都取得了不菲的成果,对我国也都有借鉴意义,但又都不能照搬,必须结合我们自己的国情进行创新。

②完善立法。在进一步完善我国房地产法律和住房保障法规的基础上,制定完善国家的《住房法》、《房地产保有税法》、《住房信贷法》等法律法规体系。同时要制定地方性法规和规章以全面保障住宅业的持续健康发展和住房保障水平的不断提高。

③制定国家住房计划。日本和亚洲四小龙利用"经济起飞"的有利条件,通过实施住房计划,仅用三、四十年就集中解决了住房短缺的历史性难题,并使住房标准和性能进入持续提高的轨道。我国现在已有条件在较短时间内集中解决住房领域的突出问题,应当及时制定住房十年计划,合理有序地利用各类资源,使城乡居民都能住上成套、安全、适用的住房。

三、完善政府保障和市场动力相结合的住房制度

我国住房市场的持续僵局已经引起各方面的高度关注。各地纷纷出台的"救楼市"措施大都未收到预期效果。住房市场低迷与落实中央关于扩大内需的要求形成了巨大反差。实践证明,面对当前认识层面争论不休和操作层面乱象丛生的住宅业,用就事论事、局部治理的方法难以奏效,而必须从体制上找准原因,回到住房体制改革原本关于政府主导与市场运作相结合的根本指导思想上来,实施标本兼治,才能使其走上持续、健康、和谐发展的轨道。

1. 回顾历史,理顺住房制度改革与住房保障的辩证关系

我国住房制度的总体改革思路源于邓小平同志1978年和1980年两次关于住房商品化的谈话。其后,住宅业借助改革的力量,历经克服"启动难"、"发展难"的各种障碍,目前已进入解决"公平难"的关键阶段。

①福利住房阶段(建国初~1977年)。实行住房统一投资建设、统一管理分配的高度计划模式。因为投资紧缺,城乡人均住房仅有几平方米,住房成为严重的社会问题。

②改革探索阶段(1978~1987年)。通过提高房租、出售公房、多种

途径建房等措施，逐步改变了住房福利观念和消费观念。

③改革推进阶段（1988~1997年）。国务院在全国范围内部署住房建设、分配、管理、融资等环节的全面改革。与当时投资和消费环境相适应，建设一批由政府资助的低价"安居住房"，成为中国住宅业的萌芽。

④建立住房货币化分配和住房保障制度阶段（1998~至今）。宣布停止住房实物分配，并提出建立包括廉租房、经济适用房的多层次城镇住房供应体系。以住宅为重点的房地产业出现了快速发展的势头。全国人均住房面积快速增长，显示了改革的巨大威力。从2005年开始，针对部分地区房地产过热、房价上涨过快的问题，国家有关部门加大了宏观调控的力度。2007年国务院召开了全国住房工作会议，出台了《关于解决城市低收入家庭住房困难的若干意见》，进一步完善住房保障工作。

回顾20年探索、10年实施的住房制度改革历史，得到几点重要启示：

一是住房制度改革和住宅业的发展具有密切的相辅相成的关系。特别是1998年全面实行住房货币化分配和住宅建设多元化改革后，住房开发建设、中介服务、物业管理及金融服务等各类主体大量进入住宅领域，城镇居民在住宅业的快速发展中基本解决了住房短缺的问题。

二是随着住宅业的持续快速发展，住房差距不断扩大的问题突显出来，要求我们必须更多地关注中低收入家庭的住房困难问题和改善住房功能的需求，完善住房保障制度，巩固扩大住房改革和住宅业发展的成果。

三是市场化改革是解决住房问题的根本途径。同时又要看到，住房是具有极强民生性的特殊商品，住宅业是兼有社会性、经济性的特殊产业。由投机炒房以及"地王"垄断形成的过度市场化严重影响住宅业的持续健康发展，也违背了人民群众提高居住水平的愿望。

四是政府职能对宏观调控和住房保障的制度化、规范化是当前解决各种矛盾和问题的重要前提。如果政府职能缺位越位，或者有意无意重新回到政府包揽一切的老路，或者把政府职能和市场机制割裂甚至互相对立起来，只能使改革止步不前，使发展开倒车。

2. 深化改革，分类规范政府职能与市场行为

我国住宅业的运行体系中主要有四大类主体：即地方政府、开发商、金融机构和服务中介机构。各类主体都要按照中央的部署，形成改革发展的合力。中央已经把房地产业作为扩大内需、增加就业的重要途径，突出了保障性安居工程的重要地位。各级政府和各类市场主体应当把握难得的历史机遇，共同致力于开创住房保障和住宅业发展的新局面。根据国外经验，日本和新加坡等国从上世纪 60 年代开始，用 40 年左右的时间解决了住房短缺和改善问题。我国经过 30 年的改革和发展，已经有条件有能力再用 10 年左右的时间达到同等水平，使我国在世界发展史上继创造经济奇迹之后再创一个安居奇迹。如果政府和市场都围绕一个宏大的"10 年安居工程"的计划来运转，解决各种矛盾和问题就有了一个全新的基础。

我国的住房供应体系主要由四大板块构成，即廉租房、经济适用房、商品房和农民建房。理顺政府与市场的关系，关键是要推进政府建房和市场建房并轨运行。我国住房制度框架在 1998 年基本成型时，住宅业刚刚起步，住房供应量很小，因而在保障性住房的供应方面留下了很大的政府建房或半政府建房的空间。但是政府建房和市场建房长时间全局性的双轨运行，既不利于住宅业的发展，也不利于扩大住房保障的覆盖面。因此，应当深化改革，形成规范的政府保障通过市场运作的实现途径。

①对经济适用房由"暗补"改为"明补"，即货币化直补，政府职能和市场机制实现"胶体式"结合。按现行规定政府通过土地划拨、税费减免、利润限制形成的低价房要以实物形式提供给低收入家庭。但实际运行的结果是经济适用房建设、管理、分配各个环节与普通商品房的关系错综复杂，把政府以暗补形式资助建设的住房分配到特定目标人群要经过漫长流程，很大一部分政府优惠的资金在繁杂的程序中流失掉了，并未惠及低收入家庭。这种高成本低效率的运作方式随着经济适用房规模的扩大而越来越难以维持。近年来有些城市政府试行将"暗补"改为

"明补",取得了政府保障职能借助市场机制在透明监督下发挥的良好成效。2008年以来改革的城市越来越多,目前已具备普遍推广的条件。

②对廉租房实行委托建设和插建套建,政府保障和市场机制实现"嵌入式"结合。对最低收入的困难家庭提供租金补贴或实物配租的廉租房是政府必须承担的责任,问题是集中连片建设低标准的公房必然引起低收入人群集中,形成的很多经济和社会问题难以解决。国外不少国家通过立法规定房屋开发商按一定比例建造低租金住房,既避免了政府建房高成本、低效率的包袱,又保障了供需双方自主选择的空间,值得我们借鉴。此外,世界各国的住房保障越来越广泛地从"补砖头"转向"补人头",反映了现代住房制度和保障方式总的趋势。我国应当避免走弯路,从实施大规模住房保障的初期就更多地采取需求方补贴即"补人头"的方法,迅速扩大住房保障的覆盖面,提高保障水平和工作效率。

③对商品房实行政府宏观主导,放活供需主体,规范市场秩序,使政府主导与市场机制实现"分层式"结合。保持市场活力是解决所有问题的基础,也可以形成迅速提高群众居住水平的捷径。但是住房的民生性决定了住宅业比一般经济产业要更加遵循政府规划和宏观调控。在法制规范的前提下,应保护各类市场主体的合法权益,搞活住宅产业的经营与发展。对近几年房价上涨过快的顽症,主要通过理顺价格形成机制、保护真实的供求平衡关系来解决。政府职能着重利用法制规范和政策工具消除投机炒房和垄断暴利等异常因素,使住房价格回到正常供求关系的规律上,防止大起大落造成危害。

④对农民建设住房,在当前政府职能和市场调节都缺位的情况下,政府首先把规划、质量和防震安全管起来,随着农村社区建设和新农村建设的社会化进程,推进政府和市场"渐进式"的结合,加快实现城乡住房统筹管理,改变农村住宅业发展滞后和住房保障空白的状况。

3. 完善住房制度的若干建议

①完善制度必须标本兼顾。实践证明,1998年国务院出台的我国现行

住房制度是符合国情的,应当进一步总结经验,充实近年来行之有效的政策措施,制定相应的法律予以保证实施。对住房市场化的改革方向必须坚持;对政府保障和市场机制相结合的原则应进一步明确界定;对各类主体的行为要求应进一步规范;对房价上涨过快、住房市场混乱、违法建房屡禁不止、豪宅侵占资源治理不力等近年来反复出现的难点热点问题应明确治本之策。

②严格保障标准,适度放活经营。在完善住房制度、制定住房规划的基础上,明确分年度、分阶段达到的住房保障目标,严格考核各级政府对低收入家庭的住房保障水平。在制度、目标、原则明确的基础上,具体操作办法可以由城市政府根据当地实际情况自行规定。例如,尽管分类供房体系符合目前我国大多数地区的实际,但是分类供房相应要求分类分配,致使管理更复杂,监管成本更高。有条件的城市可以由政府出台"分类补贴、自主选房"的操作办法,通过鼓励创新把住房保障工作做得更加有效。

③发行地方债券,改变过分依赖"土地财政"的状况。根据现行制度,土地收益是廉租房、经济适用房的主要资金渠道之一,也是城市基础建设的主要资金来源。从长远来看,这种状况难以为继。从当前看,也不适应扩大投资和消费的形势要求。应当按照公共财政制度和国外通行的作法,把住房保障补贴列入各级财政预算,把发行中长期债券作为基础建设

的正常资金来源，从体制上防止地价房价的暴涨暴跌。

④切实解决中、低收入家庭住房贷款难的问题。中、低收入家庭是居民的多数，但除一部分参加住房公积金的之外，大都因缺乏融资渠道而事实上被排除在住房消费市场之外。现行商业银行的房贷门槛比他们的实际支付能力高出很多，即使把房价降到期望的程度，中、低收入家庭还是无钱买房。由此可以看到我国住房金融距离现代住房制度的要求还相差很远，必须采取切实有效的措施加快住房金融的发展。为适应当前扩大内需和住房保障的急需，可以采取发行国家和地方债券的方式，把部分闲置的银行存款和住房公积金动用起来，向中低收入家庭发放有偿低息的住房券，以迅速启动住房消费。

第一章 迈向"安居奇迹"

- 在工业化、城市化过程中，建立现代住房制度，基本解决住房的数量、质量问题，欧美发达国家大体上用了100年左右的时间。日本和"亚洲四小龙"大体上用了40年左右的时间。中国经过30年住房制度的改革和住宅业的起步与发展，城乡居民住房条件改善的速度超出所有人的预想。在此基础上，乘势而为，再用10年左右的时间基本解决住房短缺和公平问题是完全有可能的。

- 日本和"亚洲四小龙"在经济起飞的同时，致力于解决公众的住房问题，创造了经济和安居双奇迹。中国在创造30年连续高速发展的"经济奇迹"之后，也有条件创造"安居奇迹"。

- 中国政府在应对全球金融危机的十大决策中，保障性安居工程是扩大内需、保障民生的首选。回顾应对亚洲金融危机之时，"住宅建设是新的经济增长点"的定位，使住宅业既对我国经济"一枝独秀"作出了重要贡献，又获得了自身高速发展的机遇。当前在再一次负"应对危机之重"面前，住宅业的发展既有很多有利条件，又面临着不少矛盾和障碍。打破困局需要在深化改革、完善政策上有突破性进展。

- 我国在住房严重短缺的问题得到基本解决的情况下，以雄厚的基础进入住房数量、性能和公平兼顾的新阶段。机不可失，时不我待。住宅业持续、和谐、健康发展关系到经济社会全局，关系到人民群众的切身利益。历史的机遇和重任同时摆在我们面前。

● 我国的"安居奇迹"是与发达国家和同类发展中国家综合比较而言的。其主要内容包括：解决住房数量、质量、公平问题的人数为世界之最；集中解决住房问题所用时间属最短国家之列（大体与日本、新加坡所用时间相当）；低收入家庭住房保障进入水平较高、稳固程度最好的国家之列；农民住房在同类发展中国家达到最好水平之列；住房自有率维持在最高水平的国家之列。这样的居民住房水平与届时的经济大国地位是相称的。

一、从历史看"安居奇迹"

世界各国的发展历史都证明，住房历来就是经济社会发展状况的反映。中华人民共和国成立以前，广大人民群众流离失所、民不聊生，安居无从谈起。计划经济时期，虽然住宅公平状况有所改善，但住房市场的窒息使城乡居民人均住房面积不仅没有增加，还有所下降。改革开放以来，我国摆脱了福利分房的束缚，走上了通过发展住宅业（即住房类房地产业）解决住房问题的道路，大多数居民的住房面积迅速增加，房屋性能得到不断提高。同时，随着深层次矛盾不断显露和收入差距逐渐扩大，使住宅业在经历了"启动难"、"发展难"后，目前进入了"公平难"的关键阶段。这一阶段的主要矛盾——住房差距扩大的问题解决得好，就可以巩固和扩大以前各个阶段改革和发展的成果，顺势创造中国"安居奇迹"；否则，不仅住宅业难以持续健康发展，而且将拖累整个经济社会发展大局。

1. 计划经济加剧住房短缺

在计划经济体制时期，国家对住房全部实行实物福利分配。这一制度对建国初期安置大批流离失所的群众起到了积极作用。但是随着经济发展、人口增加，这一制度的弊端越来越明显。

一是国家和单位对住房统一投资、统一建设、统一分配，造成居民对福利分房的严重依赖，抑制了社会和个人对住房投资与消费的投入。

二是国家资金集中用于经济和社会建设，住房投资比重越来越低，住宅建设数量严重不足。

三是住房租金过低。1955年全国实行统一工资制度时，职工住房租金仅占家庭收入的2.4%，之后这一水平维持20多年基本不变，不仅无力筹资建设新住房，而且使原有住房也难以维持正常的维修、保养。

四是政府垄断抑制了住房市场的发育与发展，市场缺失造成资源配置的严重失衡，排除了通过发展住宅经济解决住房问题的可能性。

五是对以权谋房的不正之风缺乏制度性约束，住房不公的问题越来越严重。在传统福利分配住房的制度下，居民住房水平一直很低，1978年，全国城镇人均居住面积仅有7.6平方米，农村人均居住面积仅有8.1平方米。

2. 市场化改革是解决住房问题的唯一选择

——10年探索改革（1978~1987年）：早在全国改革开放初期的1978年，邓小平同志就作出了对住房制度进行商品化改革探索的指示。经过少数单位进行个人资金参与住房建设的试点，到1980年，邓小平同志系统地提出了包括出售公房、调整租金、提倡个人建房买房的总体改革思路，住房制度改革正式拉开了序幕。经过在部分城市进行试点，在理论探讨和总结经验的基础上，1986年国家提出"提租补贴、租售结合、以租促售、配套改革"的方案。在这一阶段，理论界对住房商品化问题、土地价值及有偿使用问题、住房供给和消费问题进行了热烈讨论。从理论和实践两个途径催生了住宅业的萌芽和发育。

——10年推进改革（1988~1997年）：1988年国务院发布了《全国

城镇分批分期推行住房制度改革实施方案》，在全国推进依据准成本提高房屋租金、住房补贴进入工资调整、住房供应多元化、公有住房按标准价和成本价出售、建立住房公积金制度为内容的系统改革。方案下达后，调动起了全国各地利用多种方式解决职工住房困难问题的积极性。特别是在中小城市，住房制度改革进展迅速。在财政困难、住房严重短缺的城镇，仅用三四年的时间即渡过了"以租促售"的阶段。伴随着住房制度由福利型向商品化改革的深化，住宅市场逐渐发育，现代住宅业从沿海到内地、从大中城市到县城，逐步发展壮大。特别是珠江三角洲的城市利用地域优势，引进香港发展房地产业的经验，率先在国内形成规模化的住宅业。长江三角洲各城市和其他沿海开放城市很快也形成了住宅业蓬勃发展的局面。1992年邓小平同志的"南巡"谈话，有力地推动了扩大对外开放和加快经济发展的步伐，不少地方把房地产业作为带动经济发展的重要载体。尽管个别省市出现了过热和泡沫现象，中央不得不采取收缩措施进行调控，促使房地产发展"软着陆"，但那一次发展周期为后来全国房地产业的起步发展提供了基础和经验。1995年国家有关部门在全国范围内推行"安居工程"，有力地推动了住宅业的全面发展，同时也为面向低收入家庭的住房建设开辟了道路。

——10年货币化改革和住宅业快速发展（1998～2007年）：1998年6月，国务院召开了全国城镇住房制度改革与住宅建设工作会议，并发布了《关于进一步深化城镇住房制度改革，加快经济适用住房建设的通知》，正式宣布取消住房的福利分配制度，代之以货币化分配，发展住房市场。在建立"社会主义市场经济体制"的大背景下，住房制度的全面改革得到了广大城镇居民的理解和支持。从福利分房到市场购房、从住"房改房"到住商品房的过渡进行得都很平稳。住宅业的发展在思想认识和体制方面的障碍基本消除。为了应对亚洲金融危机对我国经济的影响，中央提出了扩大内需的方针，要求把住房建设作为新的经济增长点，促进住房建设和消费的政策措施进一步配套完善，住房保障制度逐步建立，住房开发建设、中介服务、物业管理、金融服务等各类主体大量进入房地产领域,住宅业呈逐年加快发展的态势,城乡居民居住面积进入增加最快的时期。2007年全国城镇居民人均住房面积达到28.0平方米,比1978年增长3.2倍;农村居民人均住房面积达到31.6平方米,比1978年增长2.9倍。

城乡居民人均住房面积统计表（平方米） 表1-1

年 份	城镇人均面积	年平均增加面积	农村人均面积	年平均增加面积
1978	6.7		8.1	
1987	12.7	0.67	16.0	0.88
1997	17.8	0.51	22.5	0.65
2007	28.0	1.02	31.6	0.91

（注：年平均增加面积是分时间段计算的）

3. 住房保障制度是维护住房公平的有效途径

我国住房制度的改革一直把解决中低收入家庭的住房问题作为重要着眼点和落脚点。1998年国务院在部署全面推进住房制度改革时,明确规定了廉租房、经济适用房、住房公积金等住房保障的政策措施。各级政府按照国家的规定,在推进城市建设和房地产业的发展过程中,利用土地收益、住房公积金收益、财政投入三个筹资渠道开展廉租房租金补贴和实物配租等多种形式和措施,对低收入家庭给予特殊照顾。同时要求提高经济适用房在住房建设中的比例,面向中低收入家庭供应。随着连续多年住宅业的快速发展,中高收入家庭的住房水平迅速提高,加之部分城市房价上涨过快,中低收入家庭住房条件的差距越来越大,引起社会的广泛关注。国务院于2007年召开了全国住房工作会议,在全国范围内加大实施住房保障工作的力度。会后通过财政部和发改委两个渠道,下拨廉租房租金补贴("补人头")和建房补贴("补砖头")的专项资金,住房保障专项资金正式列入中央政府的投入范围。2008年第四季度以来,党中央、国务院把住房保障作为扩大内需,应对全球金融危机的重要措施,对地方保障性安居工程投入的中央专项资金达380亿元。与此同时,各城市政府通过"暗补"、"明补"的不同形式，对低收入家庭购买经济适用房进行补贴。在中等收入家庭住房方面，着重通过控制房屋价格非正常上涨、改善金融服务、增加普通商品房土地供应等措施，提高住房消费能力。2008年全国住宅市场出现了全局调整的局面，但住房保障工作力度之大是历史上从未有过的。

二、从现有基础看"安居奇迹"

1. 住宅业基础

经过30年的住房制度改革和住宅业的发展，近年来中国已拥有世界上最大的建设工地和最大的房地产市场，房地产业已成为国民经济的重要支柱产业。2007年房地产业增加值达到1.19万亿元，占当年GDP的4.7%；房地产投资在"十五"期间年均增长25.9%的基础上，近两年继续高速增长，多元化的市场主体快速发展。大、中、小型房地产开发企业共同构成的住房供应体系基本形成，交易中介、租赁服务、物业管理、金融保险等各类服务主体基本配套。住房保障体系的框架基本形成，保障资金的投入迅速增加，保障方式逐步完善合理。各级政府调控房地产市场的有效性不断增加，城镇居民人均住房面积、住房自有率提高很快，住房成套性、适用性、安全性、人居环境也都有很大改善。

2. 宏观发展基础

一是经济增长的宏观背景。2008年，我国已成为仅次于美国、日本之后的第三经济大国。我国制定的各类近期、中期和长远发展目标都要求经济增长达到8%左右的速度。这意味着我国还要在世界上维持最快的增长速度几十年。特别是发展战略中列为重要着力点的增加就业、增加服务业比重、改善民生等要求，很大程度上依靠住宅业的发展。

二是城镇化的直接动力。近年来我国城镇化一直维持每年增加一个多百分点的速度，2007年已经达到45%。我国近20年来城镇人口每年增加1500万~2000万人。继续推进城镇化，意味着按现有人均居住面积计算，每年仅城镇人口增加就需要新建住宅4亿平方米至6亿平方米。

三是消费升级的客观愿望和资金保障。我国城镇居民人均收入连续多年保持两位数的增长速度。在衣食住行四大传统生存需求中，既然已经衣食无忧，那么"住"就成为增加消费的首选。改善居住条件成为人民群众最关心的问题。我国庞大的储蓄存款为扩大金融支持住房需求提供了充足的资金来源。资料显示，2007年我国个人住房抵押贷款余额达到3万亿元，房地产开发贷款余额1.8万亿元。如果按自有资金平均为30%来计算，用于房地产的资金流通量达7万亿元左右。这还未包括用于土地收储整理的资金。房地产业从投资和消费两个方面所形成的资金融通对国民经济全局产生的影响是十分巨大的。

四是相关产业互相交织促进。有资料显示，房地产业直接或间接相关较大的产业多达60多个。房地产的产值每增加一个百分点，就能使相关产业的产值增加1.5%~2%。每增加1亿元的住宅投资，其他23个直接相关产业相应增加投入1.48亿元。住宅消费带动相关生产生活资料消费增长的比率大约是1:6。我国作为当今世界上最大的建筑材料生产国，钢铁、水泥、玻璃、木材总产量的20%~50%用于住宅建设。

3. 住房制度与政策基础

经过30年住房制度改革和住宅业发展，适合我国国情的住房制度已基本建立。房地产业发展政策、住房保障政策、土地供应政策、住房金融政策等相关政策已基本配套。我国在90年代制定的土地管理法、房地产管理法两部法律为房地产业的规范与发展提供了法律依据。国务院和有关部门对廉租房、经济适用房、住房公积金、住房金融与担保、土地市场等制定了相应专门法规。近三年来国家下达的一系列关于房地产业宏观调控和住房保障的规范性文件，对面临的热点、难点问题提出了解决办法，一些深层次矛盾和问题正在得到解决。社会关注的整顿房地产市场、制止房价过快上涨、解决中低收入家庭住房困难等问题已经见到成效。

4. 政治与社会基础

党和政府历来把人民群众的住房问题列入经济社会发展的总体目标加以解决。改革开放后制定的小康建设基本标准和现在正在实行的全面建设小康社会标准都对城乡居民的居住条件提出了相应的要求，有效地促进了城乡居民居住水平的提高。中国共产党第十七次代表大会将"住有所居"作为社会公平正义的重要指标，提到了各级领导干部和全国人民面前。2008年，党中央国务院在扩大内需、应对世界金融危机对我国经济影响的总体部署中，把房地产业作为"保增长、保就业、保稳定"的重要措施。胡锦涛总书记在关于2009年的中央经济工作会议上，从发展大局的高度阐述了房地产业作为支柱产业的重要意义和方针政策。国务院把保障性安居工程作为十条扩大内需措施之首进行安排部署。2009年温家宝总理在全国人大十一届二次会议上的《政府工作报告》中对房地产业列出专节进行了阐述，不仅讲意义，讲认识，更讲全面具体的安排部署，突显了中央对住房问题的高度关注。中国特色的社会主义具有集中力量办大事的优势。现在，群众住房问题已经作为大事列入党中央、国务院的议事日程，住宅业一定能在已经取得巨大成就的基础上，更好更快更健康地发展。

阅读材料：温家宝总理《政府工作报告》节选

三是促进房地产市场稳定健康发展。采取更加积极有效的政策措施，稳定市场信心和预期，稳定房地产投资，推动房地产业平稳有序发展。加快落实和完善促进保障性住房建设的政策措施，争取用三年时间，解决750万户城市低收入住房困难家庭和240万户林区、垦区、煤矿等棚户区居民的住房问题。今年中央财政拟安排保障性安居工程资金493亿元，加大对廉租房建设和棚户区改造的投资支持力度，适当提高中西部地区补助标准，扩大农村危房改造试点范围，实施少数民族地区游牧民定居工程。选择一些有条件的地区进行试点，把部分住房公积金闲置资金补充用于经济适用住房建设。积极发展公共租赁住房。落实好支持居民购买自住性和改善性住房的信贷、税收和其他政策。对符合条件的第二套普通自住房购买者，比照执行首次贷款购买普通自住房的优惠政策；对住房转让环节营业税，按不同年限实行有区别的税收减免政策。促进普通商品住房消费和供给，加大对中小套型、中低价位普通商品房建设的信贷支持。加快发展二手房市场和住房租赁市场。鼓励引导各地因地制宜稳定和发展房地产市场，加强住房市场分类管理。继续整顿房地产市场秩序，规范交易行为。帮助进城农民工解决住房困难问题。深化城镇住房制度改革，满足居民多层次住房需求，努力实现住有所居的目标。

三、从国际比较看"安居奇迹"

住房是马克思主义经典理论和西方市场经济理论都研究的重大问题。恩格斯在130年前还专门出版《论住宅问题》进行过系统阐述。住宅问题主要包含数量、质量、分配公正三层含意。世界各国都在遵循这三方面要求，分阶段解决住宅问题。

1. 英国——曲折百余年的住房制度

现代住房制度的建立以英国为最早。18世纪后期，随着英国工业化、城市化的发展，大批农民进入城市，使各个城市都出现了人口密集、住房拥挤、环境恶化的状况。到1891年，英国城市人口已达1560

万，城市化率达到54%。英国议会于1875～1900年先后6次颁布和修订《工人阶级住宅法》，以法律规定建造大量的高层"模范住房"取代贫民窟。议会、政府、慈善团体、个人都依法投入为社会大众建造住房。到1912年前，仅首都就建造了约1.3万套住房。街道、公园、广场等公共活动场所也得到改善。1924年英国工党上台执政后，实施了一系列有利于社会大众的政策措施，其中最显著的业绩就在住房方面。其主要措施是对工人阶级住房实行补贴。到二战前，英国住房和住户数量大体持平。英国第一次基本解决住房严重短缺的问题大约用了60年左右的时间。

第二次世界大战期间英国不但没有建造新住房，原有住房也遭到破坏。毁于战火或年久失修而无法使用的住房达到45万套，还有300万套住房受到不同程度的破坏，而同时期内人口增加了100多万，大批无家可归者流离失所成为头号社会问题。二战后英国执行福利政策。1945年重新上台执政的工党政府为了解决严重的房荒和贫民窟问题，采取"干涉住宅"政策，制定住房目标，实行住宅建设计划，采取减税、补贴、金融等办法开展公共住房建设。到20世纪70年代，英国住房水平达到与其他发达国家大体相当的水平。这一次解决住房严重短缺问题用了25年左右的时间。

英国住房自有率在不同时间因政策取向的不同而异。第一次世界大战前几乎全部为自有住房，但住宅性能差别很大。二战后面临住房供给不足的严重局面，政府投资引导社会资金大量建造公共住房，使住房自有率大大下降。1971年时住房总量中政府公房占1/3，其余为私人和非盈利组织所有。1979年撒切尔政府推行私有化，把大量公房出售给住户和非盈利组织。到2006年，政府公房降到10%，政策转向鼓励低收入者到社会上购买"可负担住房"。不管采取何种形式，维护"人人都有住房"和不断改善居住条件和环境是不变的目标。

2. 美国——"崇尚自由市场"的住房制度

美国在20世纪20年代以前政府不介入住房领域，但是在1929年开始

的经济大萧条中，美国政府不得不研究和解决住房问题。美国干预住房一是为了刺激经济发展；二是解决无家可归和贫民窟引发的社会问题。美国在经济危机爆发之前，由于伴随工业化、城市化大量农民涌入城市，已经显现出住房数量的严重不足。由于住宅建设的小规模个体经营、资金匮乏、公共政策缺失等原因，使住宅问题长期得不到解决。美国政府对住房放任不管的政策一直持续到30年代才转变。为了刺激投资、消费来拯救美国经济，于1934年制定法律，成立联邦住房管理局来直接干预住房市场。美国住房政策与英国不同，政府的公共住房主要面向极低收入者、老年人和二战退伍军人，对一般公众主要支持到社会上买房或租房。资金来源主要依靠社会融资。为此美国建立了世界上最为庞大而复杂的住房金融制度，成立了政府控制企业"房利美"和"房地美"，进行住房抵押贷款融资。由于充分运用了市场力量，美国解决住房严重短缺问题仅用了10多年的时间，其后主要致力于住房环境的改善和自有率的提高。

20世纪50年代后，伴随着经济高速发展，人民生活水平大幅提高，对住房提出了更高的要求。对此，美国政府采取新政策加快住宅建设。1961年肯尼迪总统提出更新城市、给全国人民提供体面的住房、鼓励发达的建筑业三项国家基本目标。1960～1972年，美国住宅建设增长66%，平均每套住宅居住人口不到3人，居住条件进一步改善。

80年代中期之后，美国住宅建设不但数量增长很快，居住环境和质量也有很大提高，单幢的独户住宅比例不断加大，达到家庭总数的⅔，其中拥有两套住房者达到5%。有¾的住宅已有2个以上现代化的卫生间。人均居住面积达到60平方米，平均住宅单元的面积达到200平方米。美国自称是世界上解决住房问题最好的国家,但是美国社会认为住房自有率不高和无家可归者难以完全消除是两根软肋,一直把"人人拥有一套住房"看做是"美国梦"。美国1965年成立的住房与城市发展部,其使命就是提高住房自有率和改善社区环境。20世纪90年代初克林顿政府上台后,美国经济出现了前所未有的繁荣,政府和公众共同追求"让穷人也能圆上美国梦"。恰在此时,热衷于虚拟经济炒作的金融家们发明了"次级抵押贷款"。这种银行业务以超低的门槛向穷人发放了大量住房贷款,使住房自有率提高了好几个百分点,但是对贷款证券形成的金融衍生品进行无节制炒作,隐藏了巨大的金融风险。1998年亚洲金融危机后,"次贷"存在的诸多问题开始受到关注,有关监管部门采取的治理措施曾使次贷市场一度萎缩。但"9·11"事件后,宽松的货币、减税政策使房价快速上涨,次级贷款重新快速增长,终于在2007年酿成金融危机。据资料介绍美国有900万个购房者面临丧失住房的风险。新上台的奥巴马政府决定拿出巨额资金进行紧急救助。从美国走过来的道路可以看出,利用好住房市场和金融市场的力量,可以用较短的时间更快更好地实现住房目标。但是如果放任投机炒作(即使投机不是发生在住房市场,而是发生在相关的金融衍生品市场),终将会酿成大祸。

3. 新加坡——政府垄断市场的住房制度

新加坡1959年宣布自治时,大部分居民为失业者和无家可归者。新加坡政府考察学习了香港建造公屋安置无家可归者和木屋(又称寮屋)居民的经验,专门成立了建屋发展局,实施了面向公众的每五年为一期的"居者有其屋"计

划。从 1961 年开始，连续实行了 7 个建屋五年计划，在首先解决数量短缺的基础上，紧接着致力于住房质量和环境，使居住水平不断提高。新加坡住房制度与世界上大多数国家都不同。主要特点：

一是政府大量建造公共住房——组屋，出售给普通民众。组屋居民占总户数的 84%，其余 16% 的高收入家庭到私人住房市场自由购买。基本上是采用普惠制的方式由政府为大众建房。

二是以低水平保障起步，随经济发展而逐步提高标准。最初政府将目标集中于使无房者都有房住，所以组屋建造的标准很低，第一个五年计划仅为 23.5 平方米的一室一厅为主，到第七个五年计划时已增加到以 140 平方米以上的多居室和公寓楼为主。而且注意邻里关系、公共交通和环境优美。

三是经济起飞和组屋升级同步推进，创造了经济发展和住房改善的双奇迹。从 80 年代开始，实施住宅区和公共设施的翻新工程，每 2~3 年即进行外观刷新、扩大空间、完善功能的改造维修，并推出 2014 年实现电梯化的计划。翻新工程由建屋发展局负责组织，政府出资 80%，居民出资 20%。

新加坡仅用 40 年左右的时间即从原先民不聊生、流离失所的境地发展到让居民"拥有让人羡慕的住房"。新加坡住房制度的成功在于充分发挥了两个独特优势：

一是强势政府的优势。新加坡是一个本国人口仅有 300 多万、全部居住人口也只有 400 多万的单一城市国家，客观上为政府垄断住房的建造、分配、管理、服务提供了条件，比较容易避免其他国家国有住房项目通常存在的低效率、高成本、分配不公的弊端。

二是借助城市发展的后发优势。与其他国家相比，新加坡具有经济起飞的优势，而无农民进城的包袱。在借鉴各国经验的基础上，新加坡的城市规划采纳了"花园城市"、"新城市主义"和"新镇"的理念。新镇的主要功能是居住，同时增加二、三产业，力求自成体系，为居民提供良好的生活保障和休闲娱乐设施以及工作机会。新镇建设也在不同的发展阶段提出不同的发展标准。20世纪90年代中期开始实施的21世纪新镇发展的目标是为居民建立一个更理想的家园和完整的居住环境,包括配套的商业、社会、娱乐、休闲设施,配备地铁、轻轨、公共汽车在内的公共交通设施。为了适应公众追求更高标准住房的要求,新镇建造的私人住宅达到40%以上。

4. 住宅业发展阶段国际比较

随着人们生活水平的提高和消费结构的升级,住宅业呈阶段性发展规律。第一阶段即数量型发展阶段,主要解决住房严重短缺的问题。第二阶段即数质并重阶段,注重解决住宅的质量和舒适性问题。第三阶段居住环境总体发展阶段,则追求居住功能、配套服务及环境舒适优雅。也有的学者认为应分为数量型(解决严重短缺问题)和综合改善型(提高功能、质量和环境水平)两个阶段。

住宅业发展阶段比较　　　　　　表1-2

项　目	美　国	日　本	德　国
数量型发展阶段(年)	1930~1960	1945~1960	1949~1960
人均GDP(美元)	1871(1950)	269(1955)	487(1950)
人均居住面积(m²)		5.8(1948)	15(1950)
数量质量并重阶段	1960~1972	1960~1980	1960~1980
人均GDP(美元)	4810(1970)	1758(1970)	1669(1970)
人均居住面积(m²)		13.1(1978)	30.0(1972)
总体水平发展阶段	1972~至今	1980~至今	1980~至今
人均GDP(美元)	15390(1984)	11252(1985)	11130(1984)
人均居住面积(m²)	59.0(1991)	17.0(1990)	33.2(1982)

(注:括号内为该指标的年份)

住宅业发展快、住房问题解决得好的国家和地区,例如亚洲"四小龙",其阶段性并不明显,在解决住房短缺问题的同时,即把质量、安全、成套性、舒适性、功能性都同时兼顾起来。从我国 2007 年人均 GDP 和城乡人均居住面积来看，总体上已进入第二阶段。但是，由于我国幅员辽阔，人口基数大，起步基础差，住房水平存在着严重的地区间、城市间、收入层次间的

不平衡。有些方面已经有第三阶段的特征，有些城市与发达国家已没有什么区别，但有些方面和有些地方仍然首先要解决住房短缺的问题。可以预见，如果把改革开放 30 年来解决住房问题的成果和发展态势再扩展延续 10 年，主要指标达到住房先进国家第三阶段的一般水平是完全可能的。如果在 13 亿人口的大国只用 40 年的时间达到这一水平，那么称为"安居奇迹"将是当之无愧的。

四、负"应对危机"之重

1998 年国务院部署全面进行住房货币化改革和加强住宅建设之时，我国正处于应对亚洲金融危机的关键时期。当时为了保持我国在亚洲金融危机中"一枝独秀"的地位，党和国家领导人在不同场合多次提到："住宅建设是新的经济增长点"。这一前所未有的明确定位促使各有关部门和各级政府加大了解决有关房地产业发展问题的力度，土地供应、金融服务、市场管理等各个环节都出台了有利于发展的宽松政策，住房投资和消费都大幅增长。据统计，1998～2002 年，房地产投资对 GDP 增长的直接贡献率达到 15% 左右，直接增加 GDP1.2 个百分点。四年内新建住宅 12.5 亿平方米，销售 8.3 亿平方米。四年内完成房地产投资 3.7 万亿元。年平均增长 21.1%，2002 年已逼近万亿元投资的大关。虽然当时为扩大内需而发行的国债并未投向住宅建设和相关设施，但是由改革调动起来的住房投

资和消费需求对制止全国经济下滑、抵御亚洲金融危机对我国的冲击发挥了重要作用，并且开启了我国以住宅业为重点的房地产业连续10年高速发展的非凡时期。现在，全球金融危机比十年前的亚洲金融危机更加猛烈、更加持久地冲击我国。我国经济持续出现快速下滑。作为已经被党中央、国务院明确认定为国民经济支柱产业的房地产业应当而且也有条件首先恢复增长，带动整个经济止跌回升。房地产业特别是住房的投资和消费应当而且也有条件为国家"保增长、保就业、保稳定"的部署作出更大的贡献。但是，我国住房市场已经持续长达一年的低迷、认识层面争论不休、打破困局乏力的状况越来越令人担忧。能否负起"应对危机"之众望，概括而言，主要取决于关系到住房供给和需求的几个关键问题解决得如何：

第一，取决于面向中层收入家庭（含中低、中高收入）的住房消费能否迅速启动。主要解决三个障碍：

一是无钱消费。这部分人群虽然收入稳定、生活盈实，但是依靠自我积累无法购买面积、性能、环境都符合要求的住房。在目前我国住房贷款首付门槛和月供门槛事实上面向高收入人群的情况下，等于把中层收入家庭排除在获得贷款支持范围之外。因此，住房金融政策应当作出降低首付、延长年限、均衡利率等有利于中层收入人群的相应调整。

二是不敢贷款买房。一买房就不仅要把多年积蓄全部用光，而且还要负十几年、二十几年的债务。这与传统消费观念形成了巨大反差。解决这一问题，根本措施在于加强社会保障体系建设。作为应急措施，当前可以考虑由中央财政和地方财政以发行债券的方式把部分银行储蓄和住房公积金转化为有偿低息的住房券面向中低收入家庭发放，以减轻资金压力和后顾之忧。这样，采取国家借一点（住房券）、个人拿一点（首付）、银行贷一点的办法可以迅速搞活住房市场。

三是房价过高而使大部分人望房而叹。对因前几年投机炒房和"地王"垄断形成的高房价，治本之策是进一步完善住房制度，釜底抽薪，堵截暴利源头。当务之急是采取措施引导房价回归到合理价位。政府以优惠政策支持中低收入家庭购房时可以把合理价位作为前置条件，形成房价理性回归的倒逼机制。

第二，取决于政府建房和市场建房能否并轨运行。政府建房和市场建房分离，加剧了供需双方对市场的观望心理。尽管在税收、金融方面都对普通商品房出台了一系列优惠措施，但市场启动的迹象并不明显。政府建房和市场建房各搞各的，看起来互不影响，事实上两者都根本无法正常运行。虽然廉租房可以由政府出资建造，但其外部设施配套和物业管理服务都要依托普通住宅区，政府无法全部包下来。至于经济适用房，本来就是由开发商享受优惠政策投资建设的商品房。如果住房市场启动不了，经济适用房的建设计划也只能落空。其他如棚户区改造、旧城区危旧房改造都需要依托房地产开发项目来实施。因此，应当下大气力解决政府建房和市场建房的分离问题。

第三，取决于政府职能的有效发挥。我国社会主义制度能够办成大事的重要表现形式，就是政府可以集中必要资源攻克经济社会的难点问题和症结问题。住宅业既是经济支柱产业，更是关系群众安居的民生产业。当前启动住房市场关系到恢复经济增长速度，关系到众多相关行业的拓展，关系到农民工的重新就业，关系到满足群众的住房愿望。温家宝总理在2009年的《政府工作报告》中明确提出："鼓励引导各地因地制宜稳定和发展房地产市场，加强住房市场分类管理"。在面向全国人民的报告中对各级政府这样放权是少见的，既是信任、也是希望。

从当前实际情况来看，一是打破供需僵持需要强势政府作为。现在住房的潜在需求非常巨大，持币待购者也不在少数。另一方面我国建造住房的能力为世界之最，现在市场上又有大量现房和准现房待售。因价格观望僵持导致的市场冷淡已持续一年多。市场失灵之际正是政府作为之时。

二是统一思想和行动需要强势政府作为。我国住房领域理论层面的争论已持续多年，近年来甚至出现尖锐对立的倾向，并越来越影响到发展实践，需要权威决策机构经过组织有序讨论及时形成明确结论。例如：前一阶段关于房地产业是不是支柱产业的激热争论，在中央明确定位后立即平息下来。再如几年热议的房价涨跌问题，沸沸扬扬不如釜底抽薪，强行打压不如顺势调整，治标不如治本。治本之策只有政府才能有。

三是治理乱象需要强势政府作为。我国房地产业运行紊乱的问题，既有体制机制原因，也有政策多变原因，还有大量的政策执行偏差问题。克服混乱现象，强健住宅业机制，只能由政府主导。世界各国的住房制度有不同模式，但经济性和社会性兼顾的特殊性决定了必须由政府主导这一共同特点。

危机，危机，危局中有机遇。10年前在应对亚洲金融危机时，住宅建设是新的经济增长点的定位开启了住宅业高速发展的大门，成就了住房条件改善最快的历史时期。在当前全球金融危机对我国的影响继续加深的危局中，党中央、国务院关于房地产业是国民经济重要支柱产业的明确定位以及一系列方针政策的调整，一定能够凝聚起发展的合力，开辟住宅业持续、健康、和谐发展的广阔道路。房地产业完成应对金融危机使命的过程，也就是我国走向"安居奇迹"的过程。

五、"安居奇迹"奇在哪里

为便于对比，现将联合国1990年对世界各国城市居民住房情况进行的调查统计，分为5组比较，如表1-3。

世界各国住房情况统计表　　　表1-3

国　家	人均GDP（美元）	人均建筑面积（平方米）	每间房人数（人）	通水住宅（%）
低收入国家	少于500	6.1	2.47	56
中低收入国家	570~1260	8.8	2.24	74
中等收入国家	1420~2560	20.1	1.69	94
中高收入国家	2680~11490	22.0	1.03	99
高收入国家	16100~26040	35	0.66	100

世界主要发达国家的有关数据统计表　　　表1-4

国　家	人均住宅面积（平方米）	人口密度人（km²）	城市化水平（%）	人均收入（美元）
美　国	60	30	80.0	39921
英　国	38	242	89.6	30120
德　国	38	231	88.7	32624
法　国	37	107	76	31995
日　本	31	337	79.3	36105

我国人口密度为每平方公里133人，低于日本（约为其40%）、英国、德国，高于法国和美国（约为其4倍多）。土地资源禀赋在世界各国比较属于中等范围。2007年我国城镇化率达到45%，人均GDP达到2461美元，城镇人均住房面积达到28.0平方米，农村人均住房面积达到31.6平方米。按照上表五组分类统计对照，人均GDP属于中等收入范围，而住房面积则靠前。在这样的基础上，再经过10年左右的努力，中国将出现"与发达国家接近最快，居同类发展中国家水平最高"的"安居奇迹"：

——根据国内研究和现在发展态势预测，到2020年我国人民群众的居住水平可以达到发达国家的现有一般水平。人均居住面积达到35平方米左右，超过日本，接近欧洲国家的水平。住宅功能性、舒适性、安全性达到世界发达国家的通常水平。届时，我国居住条件达到理想程度的人口数量比其他国家的总和还要多。住房政策受惠人口数量为世界之最。

——从改革开放起到2020年，我国基本解决居民住房的数量、质量、公平问题大体用40年，相当于日本、新加坡等先进国家开始集中实施住房计划算起的时间，相当于欧美发达国家解决住房问题所用时间的⅓~½。与发达国家和同类发展中国家综合比较，解决住房问题的速度属于世界先进之列。

——针对近年来住房水平差距不断拉大的问题，我国已经实施了强有力的住房保障政策，再经过10年的努力，低收入群众的住房水平进入较高稳定程度最好的国家之列。

——面对我国农村居民人均住房面积指标高于城镇，而功能性较差的状况，在社会主义新农村建设过程中加大村庄整治和规划建设的力度，届时农村居民的居住条件将达到同类发展中国家最好水平之列。而且农民在向城市转移集聚的过程中避免贫民窟的出现也是发展中大国仅有的。

——我国城乡居民的住房自有率将保持世界最高之列。这将为住房的维护更新和住宅业的可持续发展提供源源不断的动力，也将在家庭层面上构成经济社会持续发展的重要基础。

第二章 国家住房计划
——住有所居的行动纲领

- 人们都知道资本主义号称崇尚自由，反对计划。但是很多人并不知道欧美发达国家和亚洲四小龙都实施过大大小小的住房计划。安居乐业是中华民族的传统追求。我国作为社会主义国家，正处于坚持以人为本、科学发展、构建和谐社会的历史时期，岂能没有住房计划！

- 改革开放以来，我国先后提出过诸如基本小康住房标准、安居工程、全面小康社会住房目标及城市住房规划等目标性要求，对改善居住条件产生过重要作用。在此基础上制定全面系统的国家住房计划——住有所居计划，一定能够有效地推动住房问题又好又快地得到解决。

- 住房计划是国家对居民住房水平提出阶段性目标和政策措施，并组织实施的行动纲领。过去世界上两大体制对住房计划采取了截然不同的对待：计划经济体制只有经济计划而无住房计划，而市场经济体制反对用计划约束经济活动，但凡是解决住房问题比较好的市场经济国家都实施过各种各样的住房计划。我国在完善社会主义市场经济体制过程中，制定和实施住房计划势在必行。

- 与普通公益事业不同，住房投资和消费具有直接的、广泛的、持久的经济回报。因此，不少国家都致力于制定长期住房政策和住房计划。城市经济学研究一般认为,发达国家房地产业对 GDP 的贡献率达到 10% 以上。美国的一些权威研究报告认为,进入 21 世纪以来,美国房地产业拉动 GDP 的份额达到 20%~24%。尽管我国与发达国家统计口径和经济结构等因素不可直接进行类比,但低估、延缓房地产发展的负面影响十分明显:既不利于住房问题的解决,也不利于经济和社会的发展。

一、为什么要有住房计划

住房是特殊商品,住宅业是特殊产业。对住房和住宅业的理论研究内容非常丰富。与住房有关的经济、社会、环境因素有几十项之多。仅从实践层面来讲,以下几方面的特殊性应当受到特别关注。

一是双重性。经济属性和社会属性、投资行为和消费行为、生存需求和享受需求、政府主导和市场动力、客观存在与主观评价等对立统一性都同时集中于住房和住宅产业。

二是依存性。对土地的依存反映了对稀缺资源的依赖,决定了价格形成机制的复杂性和泡沫经济的易发性;对经济环境的依存决定了周期性特征及相应的调控措施变化;对城市规划布局的依存决定了房屋价值的差异性和居民选择的区位性。

三是昂贵性。成套性好、性能较全的一套住宅的价格一般相当于中等收入家庭几年甚至十几年的收入。住宅业在土地开发、房屋建造、住房消费三大环节都需要大量的资金投入。

四是差异性。住房差距过大是收入差距悬殊的延伸结果,也是社会分配不公的一种反映。住房差距的不断扩大又会加剧财富分配的失衡,进一步扩大贫富差距。

因此,从经济上来讲,居住水平是经济发展水平的标志之一;从社会性来讲,如何保证低收入群体也能得到基本的住房是社会保障的重要内容。

以上只是列出住房和住宅业的部分特性。从这些复杂的属性可以看到,除政府动员必要资源进行集中解决这一选择之外,不可能把如此重要而又复杂的问题解决得好。因此,制定和实施住房计划就成为各国政府的共同选择。

二、我国住房目标和住房规划概况

改革开放以来,虽然我国没有制定过专门的住房计划,但是在邓小平同志设计的"三步走"的"第一步"奋斗目标中,包含有明确的住房指标。此外,国家部署实施过的安居工程,城市政府正在编制的年度计划和五年规划,都有住房计划的性质。

1. 基本小康的住房标准(1980~2000年)

在1978年改革开放之后,邓小平同志设计了我国现代化道路分"三步走"的构想,"第一步"到20世纪末,全国人民生活基本达到小康水平。按照邓小平同志的战略构想,全国从上到下,从东到西,把小康建设既作为经济建设的任务,又作为政治任务与社会工作任务。为了加强组织领导,各省、市、自治区都提出了小康建设标准。国家计委、国家统计局等12个部委在汇总各地小康建设标准的基础上,制定了全国基本标准。标准内容包括人均收入、居住水平、恩格尔系数等16项。其中居住条件标准规定:城镇人均住房使用面积在1980年5.5平方米的基础上达到12平方米,增加6.5平方米;农村人均钢砖木结构住房面积在1980年4.5平方米的基础上达到 15 平方米，增加 10.5 平方米。

全国人民生活小康水平基本标准　　　　　　表 2-1

指标类型	指标名称	单位	指标临界值	
			80 年	小康值	权数
一、经济水平	人均国内生产总值	元	778	2500	14
二、物质生活					48
收入	1. 人均收入水平				16
	（1）城镇人均可支配收入	元	974	2400	6
	（2）农民人均纯收入	元	315	1200	10
居住	2. 人均居住水平				12
	（1）城镇人均使用面积		5.5	12	5
	（2）农村人均钢砖木结构住房面积		4.5	15	7

（注：其他指标从略）

在小康标准中虽然城乡居民住房只有两项指标，权重也只有 5% 和 7%，但是由于小康建设是当时各级党委、政府头号重要工作，是使用各种经济和社会资源的轴心，因此，住房建设受到高度重视。当时，有一句名言"小康不小康，关键看住房"在全国广为流传，并事实上成为指导实践的"指挥棒"。加之人民群众具有改善居住条件的强烈愿望，实际完成指标都大大超过了原定目标。

成套性、功能性是小康标准未提及的指标。但是在 20 世纪 80~90 年代城乡居民住房的质量、布局、设施都有很大改进和完善。到 20 世纪末的数据显示，城镇居民入住二居室以上单元配套楼房的达到⅔左右，有卫生设备的家庭达到¾左右，使用煤气和石油液化气的家庭达到 70% 左右。另据 2000 年全国人口普查资料，城市家庭中没有自来水的家庭降到 12.54%，没有独立厕所的降到 28.7%，没有独立厨房的降到 14.6%。农村居民住房条件差异较大，个别经济实力雄厚的村庄居住条件与城镇几乎没有什么差别，而少数贫困村庄却变化不大，但就总体而言，农村住房的面积、布局、外观、设施、功能也都有很大改进。有些形容城乡差距拉大的言论讲我国"城市像欧洲、农村像非洲"是不符合实际的。事实上在发展中国家中，除个别特殊国家不可比外，我国农村居民的住房条件和村容村貌超过亚洲、非洲、南美洲的大多数国家。

2. 安居工程（1995~1997年）

为了解决中低收入家庭面临的住房困难，部分发展比较快的城市在90年代初率先提出和实施"安居"、"康居"等低价位住房建设工程。国家有关部门在总结各地经验的基础上，于1995年在全国部署实施"安居工程"。

国家安居工程有关指标 表2-2

项目		1995年	1996年	1997年
计划建设规模（万平方米）		1369.50	1428.00	2785.00
计划总投资（亿元）		123.21	125.50	248.75
其中	国家贷款（亿元）	49.28	50.20	99.50
	地方配套资金（亿元）	73.93	75.30	149.25
实施城市（个）		59	88	179

安居工程原方案部署实施5年（1995~1999年），建设总面积为1.5亿平方米。实际上实施3年后，国家为应对亚洲金融危机扩大内需，于1998年提前推出住房制度货币化改革和加快住宅建设的方案，安居工程被"方案"中的经济适用房取代而中止。尽管安居工程的投资规模和建设规模在全国总量中的份额并不大，但它对住房制度改革和住宅业规范发展的推动作用是应当充分肯定的。通过实施"安居工程"，我国房地产市场框架及住房抵押贷款制度、住房公积金制度、经济适用房制度基本成型。

3. 建设全面小康社会的住房标准

按照党中央的部署，我国于21世纪进入建设全面小康社会阶段。2004年11月建设部政策研究中心提出了我国居民住房的小康标准：到

2020年，基本做到"户均一套房、人均一间房、功能配套，设施齐全。"根据这一要求，各方面的研究认为，达到全面小康的住房标准主要包括：

——套型面积：包括卧室、起居室、客厅、餐厅与厨房、洗浴室在内的每套住房应达到70~120平方米，人均达到30~35平方米。政府主导的低收入困难家庭的住房保障面积应达到50%~60%。

——设施齐全：供气、供水、排水全覆盖，厨具、洁具全配套。

——注重节能环保。达到国家颁布的节能标准、空气质量标准、室内环境污染控制等标准。

——建立多层次住房保障体系。廉租房、经济适用房、中低价位的普通商品房的供应纳入政府职责加以保证，针对住房困难户、低收入群体、中等收入群体解决住房问题。

显然，这些要求全部实现后，我国居民的居住水平总体上和实质上已经与发达国家没有多少差别。同时也看到，这些要求还显得过于笼统，缺乏可操作性强的目标与措施，也没有通过规范性文件形成国家的配套政策，缺乏整体布局和相应的执行力。应当在此基础上制定出台住房规划或计划。

4. 城市住房建设规划和年度计划

在前两年部分城市编制住房规划的基础上，2008年2月，建设部发出文件，要求全国城市（包括县城）编制2008~2012年住房规划和2009年年度计划。文件要求各地要科学确定住房建设发展目标，把落实保障性住房建设标准及相关要求作为重点，明确提出各类住房建设目标、建设项目、结构比例、土地供应保障等措施，要求地方各级人民政府进行指导和监督，城市人民政府加强组织领导。这次住房规划和计划是第一次全国性的系统规划，对解决我国城市居民的住房问题将会起到重要指导作用。但是从文件内容来看，距离全面提高居民居住水平，特别是改善中下层群体的住房条件还有一定距离。一是编制范围只包括县城以上的城市，而一般城镇和农村住房并未列入，意味着我国大多数人口不在覆盖范围之中。二是只要求城市自定住房目标，并未提出全国性的目标要求。三是住房保障只要求地方政府明确资金来源，并未明确中央财政支出的原则和计划。总的来看，这一次规划与计划的编制精神还是在于落实前几年治理"过热"的宏观调控措施，并未与全面建设小康社会的住房目标和"住有所居"的要求直接联系起来。

5. 扩大内需一揽子计划中的保障性安居工程

2008年11月，国务院推出扩大内需抵御金融危机影响的一揽子计划，其中为首的就是保障性安居工程，三年总投资超过9000亿元，占4万亿总投资的22.5%。国务院（国办发131号）文件要求，2009年以实物方式结合发放租赁补贴，解决260万户城市低收入困难家庭住房问题，解决80万户林区、垦区、煤矿等棚户区居民住房的搬迁维修改造问题。之后再用两年的时间总共解决747万户现有城市低收入困难家庭住房问题，基本解决240万户林区、垦区、煤矿等棚户区住房的搬迁维修改造问题。2009年到2011年，全国每年新增130万套经济适用房。这是我国第一个有明确的全局目标和配套投资的住房项目计划，不仅使低收入家庭直接受益，而且对住宅业的发展和整体住房问题的解决都将是巨大的促进。

三、典型国家和地区的住房计划简介

1. 新加坡：居者有其屋计划创造了"最适宜居住城市"

新加坡在1959年独立时，大多数居民处于无房和失业状态。全国只有9%的居民能住上符合标准的住宅，约84%的家庭住在棚户和店铺中。为了解决居民无房可住的紧迫问题，新加坡政府于1960年成立了建屋发展局，统管全国的住房建设、分配与管理。在考察香港从1953年开始实施的公屋计划的成效和经验之后，新加坡结合本国的实际情况，从1961

年开始,实施5年建屋计划,以低租金出租给无房户。仅用4年的时间,就大大缓解了住房紧缺的问题。1964年,新加坡宣布了"居者有其屋计划",按五年一期进行连续建设,同时将建成的"组屋"由出租为主变为出售为主,以优惠价格鼓励居民购买住房,获得产权。到1995年,连续制定实施了7个五年建屋计划,并与"新镇计划"相结合,使全体居民达到了举世称赞的居住水平。

从1961年到1995年的35年间,新加坡政府共建造了74.6万套"组屋"。根据经济发展水平和住房紧缺程度,新加坡住房建设的投资规模、套型设计、质量与性能都经历了由低水平到高水平的演变过程。1961~1965年的第一个五年计划,投资1.94亿新元,共建造住宅54430套,大多数户型为单居室,以23.5平方米的一室一厅和42平方米的两室一厅为主。从第三个五年计划(1971~1975年)开始,随着住房严重短缺的矛盾逐步缓解,新加坡政府开始着眼于改善居住条件和环境。主力户型扩大为三室一厅,同时兴建一部分83.5平方米的四室一厅和120平方米的五室一厅住宅,以及面积更大的现代化高级住宅。建房数量最多的是1981~1985年的第五个五年计划,共建造18万套。以后建设数量逐步下降,转而侧重于性能和环境的改善。

新加坡是人口稠密的城市国家。国土面积仅为699.4平方公里,现有常住人口448万人。为了使住房建设获得有利的发展空间,并为改善居住环境创造条件。新加坡政府在实施"居者有其屋"这一长期住房计划的同时,实施了新镇规划建设。40多年来共建设23个新镇。20世纪60年代为新镇建设的起步阶段。由于老城区已没有建造住宅的土地资源,新加城政府决定选择新址建设女皇镇和大巴窑镇。为了适应以低造价建设大量住房的急需,此时的新镇规划粗糙、规模也小,住宅建设主要是单居室,标准低、性能差。在初步取得经验的基础上,新加坡新镇建设在60年代中期即进入系统发展阶段。作为第二个新镇的大巴窑镇即经过较好的规划,住宅增加了中型和大型组屋的比重,小区环境和配套设施受到了重视。但

是由于多个新镇同时开始建设，布局和外观出现了雷同现象。从80年代初新镇建设进入个性化发展阶段，在改善功能的同时，注重风貌特色、布局合理、绿带通道、邻里关系等人文理念的表达。20世纪90年代初期进入新镇更新阶段，政府拨出专款对早期兴建的新镇实施翻新计划和重建计划，对早期建设的住宅扩展空间，完善功能，对居住环境和小区设施进行完善配套。20世纪90年代后期开始进入21世纪新镇发展阶段，目的是为居民建设更理想的家园，住宅更加舒适，环境更加优良，商业服务设施更加完善，交通更加便捷。住宅建设的一个引人注目的变化是私人住宅比例大幅度增加。第一个21世纪新镇榜鹅镇的私宅比例达到40%，而且大部分住宅是滨水住宅，成为名符其实的智能化、数字化、现代化、生态化社区。

除政府投资的组屋建设计划以外，新加坡还通过实施土地出让计划，鼓励高收入居民选择私人发展商建造高档住宅，不仅满足了社会对住宅的多元化需求，而且丰富了城市的风貌特色。

新加坡把住房计划和新镇计划结合起来实施，为世界城市发展和住房建设提供了宝贵经验。例如，与我国大城市的住宅区变为"睡城"不同，新加坡住宅区的规划都注意邻里关系，把服务设施和就业地点的易达性作为重要因素予以考虑。获得联合国人居奖（发达国家组）的淡滨居新镇，居住人口22万，规划商业用地达150万平方米，配套建设一个电信工业园和一个金融园区。1993年时30%左右的居民在本镇就业。再例如，与欧美国家对高层住宅持批评态度不同，新加坡以高密度建筑挤出空地用于改善环境，使高层住宅的居住质量也可以达到高水平。

新加坡住房计划与新镇计划协调发展　　　　表2-3

新镇阶段	起步	成熟	个性化	更新	21世纪新镇
实施年代	60年代	70年代	80年代	90年代	90年代后
住宅计划	五年计划1	五年计划2~4	五年计划5~6	五年计划、共管住房计划、独立公寓计划	
典型镇	女皇镇	大巴窑、宏茂桥等	义顺、后港等		榜鹅镇
住房套数	5.5万套	31.8万套	34.3万套	9.0万套	
主要户型	单居室、二居室	三居室、四居室	五居室	五居室、高级住宅	
新镇特点	建设快、但居住和环境质量不高	规划合理、配套设施得到改进	环境优美，功能扩展，建筑创新	按标准改造更新	生态化、现代化、智能化

2. 日本："五年计划"使居住水平后来居上

日本在战后曾面临严重的住房短缺问题。1950年设立了住房金融公库，补助公共社团建造低租金的公共住宅，缓解了住房矛盾。但是经过十多年后，住房建设滞后于经济发展的状况再次引起社会关注。为此，1966年出台的《住宅建设计划法》规定，以五年为一期实施住宅建设计划。日本的住宅五年计划从1966年开始，历经40年，到2005年已完成8个五年计划。建房目标从一开始解决住房紧缺问题为主，

从第五个五年计划开始兼顾"拥有资产"的目标。过去西方人曾戏称"富有的日本人住在兔子窝里"。但是现在日本人的住房已经后来居上,面积、功能等主要指标已接近欧洲。2005年日本通过的《住宅生活基本法》确定的新建都市居住型和一般型住宅分别为95平方米和125平方米。

日本住房"五年计划"实施情况　　　　表2-4

计划	年份	目标	计划(万套)	完成(万套)
一五	1966~1970	一户一套	670	674
二五	1971~1975	一人一房	959	828
三五	1976~1980	兼顾数量、质量	880	770
四五	1981~1985	达到平均居住水平	770	612
五五	1986~1990	优良的住房资产		828
六五	1991~1995			730
七五	1996~2000	富裕、舒适而优良的住宅资产	建设、收购、租用形式并举	
八五	2001~2005			

3. 美国：多种形式并举的住房项目计划

除金融和税务支持外,美国对低收入群体提供的住房资助主要分为三类:支持公共住宅建设;资助租用私人住房;联邦政府出资地方政府自定项目。这三类又分别包括众多的项目与计划。美国的住房政策和项目都是由议会通过法案确定的。各种法案及其历年的修改条款都将政策明确到目标、年限、投资、执行机构、执行方法、审查监管等具体措施。因此,不仅长期连续实行的项目(如公共住房、租房券)是严密的住房计划,就是一些短期和单项的住宅项目(如艾滋病救助项目、农村住房项目)也应当视为住房计划。因此可以说美国的住房问题是在实施复杂多样的住房计划中解决的。

美国住房政策的目标不仅仅是提供住所,而是包括了众多的经济和社会目标。具体概括为7项:

扩大优质住房的供给；

保持住房的廉价性和易得性；

适应居民种族和收入的多样性；

帮助家庭积累财富；

巩固家庭；

改善居住配套服务设施；

促进大都市区（城乡）平衡发展。

美国制定复杂的住房政策和建立庞大的住房工作体系，一方面是出于改善人居环境的考虑，另一方面是认为房地产业一直是美国经济的支柱。权威研究报告认为，从1950年到2004年，房地产业占GDP的比例一直超过⅕。2004年房地产业对美国经济的贡献率达到24%。这里需要指出的是与我国现行的概念不同，美国房地产业的含义包括了住房投资（大约占5%左右）、住房消费（大约占9%左右）家庭居住开支（大约占6%左右）。因此，讨论房地产对经济增长的贡献率，我国与美国是不可直接类比的。

2004年美国房地产业对GDP的贡献率（%） 表2-5

住房建设与改建	6
房租和自有房产的支出	11
家具、电器和其他家用开支	7
合　计	24

（1）公共住房

公共住房是美国历史最长、规模最大的住房补助项目，在公共住房项目于1937年正式设立之前，罗斯福新政期间已经为应对大萧条由工程部资助建设了2.5万个居住单元。二战期间公共住房项目被中断，到1949年全美仅有17万套公共住房。此后经过30年大规模建设，到1979年共有120.5万套公共住房，到1993年达到140.8万套的最高峰。此后减缓了建设速度，加之一些经营不下去的公共住房被拆除，从1996年开始公共住房总数出现了负增长。2004年共有公共住房123.5万套。

公共住房是针对最贫穷、最脆弱的人群建造的住房。20世纪60年代以前的投资运营方式是由联邦政府以还本付息的方式支付建设成本，由租户负责支付房屋的运营费用。但是由于住户交纳房租困难，从70年代开始联邦政府大量补助运营费用，2003年补助费用高达35亿美元。

美国议会在1993年启动了"希望6号计划"改造公共住房。1993~2004年间，希望6号计划的项目共拆除了15万个破损的公共住房单元，同时投资55亿美元重新开发了224个住房项目。希望6号项目与过去公共住房项目的不同之处在于，通过用低密度的开发代替衰落的高层公共住房，推动了收入融合、分散贫困、新城市主义、中心城区更新等多重目标的实现。

（2）租房券项目

租房券项目虽然不像公共住房那样被社会关注和热议，却是针对低收入者的最大的资助项目。1974年的住房法案设定了全国第一个租房券项目，到2004年超过180万户。从资金投入和受益户数来看，租房券已成为近年来美国解决低收入家庭住房问题的主要项目。1998年租房券占美国住房和城市发展部预算的36%，到2004年，已达到54%。配合租房券项目的还有诉讼项目、走向机会项目、空置公共住房集中项目等。这些项目的目的是帮助低收入家庭搬到更好、更适合的社区。

（3）支持地方项目

自20世纪80年代起，联邦政府开始削减住房开支，同时鼓励州、

第二章 国家住房计划——住有所居的行动纲领

县、城市等地方政府和非营利机构,利用联邦政府拨款和社会资金开发住房项目。80年代前,全国只有3个州自行立项开发了44个住房项目。住房政策下放后仅10年,就增加了177个由州政府设立的项

目,总支出从8.37亿美元增加到2001年的36亿美元。地方政府的投资达到270亿美元。可见地方政府对解决住房问题的重要作用。地方政府资助中低收入家庭住房主要有四种形式运用最广:联邦组团基金、免税债券、住房信托基金、包容性区划法。

——组团基金:1974年通过《住房和社区发展法》设立了社区发展组团基金,取代了包括原先城市复兴和模范城市项目在内的8项联邦项目。州和地方政府只需准备一份《统一计划》,获得批准就可以得到为期5年的联邦资助。社区组团基金的首要目的是"为中低收入群体提供舒适的住房和合适的居住环境,扩大就业机会,从而建设稳定的城市社区"。除明确规定公共建筑和基础设施及政治活动不得使用组团基金专项补助外,其他与居住和社区有关的内容都可以列入计划,可见联邦政府对住房地域性差异和地方政府执行力的充分考虑。投资比例要求至少有70%的资金用于中低收入人群直接受益,其余不超过30%用来预防或消除贫民窟和社区衰落,以保证投资目标的实现。1990年议会设立了第二个组团基金项目,即HOME投资合伙人项目,也是最大的专门针对低收入人群住房的地方项目。1991财年HOME项目预算为15亿美元,2004财年达到20亿美元。

——免税债券融资:通过免除债券收益的个人所得税,政府机构把债券以低利率出售给投资者进行融资,用于对首次购房者和多户出租房开发

者提供低息抵押贷款。2003财年全国发行免税债247亿美元,用于低收入者住房及相关开支。细分种类有抵押贷款收益债券、抵押贷款补贴凭证、多户住房债券等。

——住房信托基金:由政府设立,通常有专门的资金来源,面向中低收入住户使用。第一个住房信托基金设立于20世纪70年代,90年代后迅速发展。2005年全国有超过350个住房信托基金,每年可提供7.5亿美元进行多种多样的住房资助。

——包容性原则:也称包容性住房或包容性区划,指地方政府通过区划法或协商,要求开发商把部分住房以低价服务于中低收入住户。比例一般为10%~20%,最高的有35%。作为补偿,政府对开发商从规划和审批等方面给予优惠。

纽约市是在廉价住房上花费自身财源最多的城市。1995年的一项研究结果表明,纽约市用于廉价住房的开支达到人均负担107美元。而美国其他32个大城市为人均负担13美元,360多个样本城市平均负担为每人7美元。

4. 中国香港:从福利型"公屋计划"到市场型"长远房屋计划"

二战后,香港房荒严重。大部分贫民居住在用简单材料搭建的木屋中。1953年12月24日晚,一场大火使5.8万人毁掉住房。之后一年内陆续发生多起火灾,使1/5的城市居民无家可归。香港政府紧急启动了徙置计划,收回灾区土地、兴建大批安置房,从此开启了为时20年的公共住房计划,成为世界上集中解决住房短缺问题的典范。后来新加坡、日本等国大规模的公屋计划,都是在学习推广香港经验的基础上实施的。

——公共房屋计划(1953~1972年):这一阶段的建房特点是速度快、标准低、受益人数多。前10年兴建的徙置大厦已经为50万居民提供了固定住所,但人均使用面仅为2.2平方米。租金仅为私人楼宇的1/4~1/3,因此又称为"廉租屋"。到20世纪70年代初,住在公屋的居民达150万人。

——十年建屋计划（1973～1983年）：这一时期公屋建设在仍然体现"扶危济困"精神的同时，注重了房屋的成套性。虽然人均居住面积仅要求不小于3.25平方米的标准，但是每个房屋单位要水、电、厕、厨齐全。到1983年共建成40个公屋村，居住人口达到180万人。

为了利用社会资金加快改善居住条件，香港于1978年推出"居者有其屋计划"和"私人参与公屋计划"。由政府特批土地给房地产开发商，以低于私人楼宇20%～40%左右的价格，面向收入水平高于廉租公屋标准的中低收入居民出售。同时建立了低息特惠的贷款制度。大批中低收入家庭由此实现了买房的愿望。这一时期可以看做是由政府建房向市场建房转变的阶段。

——长远房屋计划（1984～今）：香港住房政策的重点转向政府主导的市场化运作。从1984年起，从过去仅向居民提供廉租屋转变为鼓励、资助居民购买公营房屋和私人公寓楼。"长远房屋计划"的核心内容是政府提供优惠贷款来资助居民住房消费，而住房的建造供应则由社会机构和开发商完成。至此，香港的公屋政策从最初的福利性质转向政府引导的市场化性质。

四、制定我国住房十年计划的思考

1. 集中解决住房问题面临着重大机遇

解决人民群众的住房问题，一直是党中央、国务院十分关心的一个具有民生和经济双重意义的重大问题。党的十七大报告把"住有所居"作为社会公平正义的重要内容,提到各级领导的重要工作议事日程。新形势下,中央把保障性安居工程作为扩大内需的首选,以应对全球金融危机对我国的影响。住宅业在解决住房问题的同时,既可以拉动投资,又可以扩大消费,不仅能够把大量闲置的储蓄资金、原材料产能等各类生产要素的潜能释放出来,而且可以充分吸纳农民工和城镇下岗职工就业,推动经济社会又好又快发展。现在提出通过编制国家住房计划引导,集中、有序地解决住房问题,可以形成广泛的共识。无论是从事经济工作,还是从事社会工作的同志;无论是关心自己住房,还是关心社会住房的居民,都可以与自己的关注点联系起来,发现应当赞成的理由。环顾上下左右,住房问题从未有过像现在这样得到关注,房地产业的发展从未有过如此得到重视和支持。

2. 制定住房十年计划的有利条件

①住房的产业依托基本形成。从1978年开始,我国住房制度改革通过试点探索和全面推进,基本建立了包括廉租房、经济适用房、普通商品房等多层次的城镇住房供应体系,形成了比较成熟的房地产市场,培育出了世界上规模最大的住宅产业和人数最多的建筑队伍。住宅业形成了可供政府驾驭的强大的市场化动力。我国已总体上解决了住房严重短缺的问题,正在进入增加数量和改善提高并重的阶段。巩固发展好30年改革发展的成果和经验,集中力量再奋战10年,完全可以基本解决全国人民的住房问题。

②国外住宅计划的经验可以借鉴。在针对中低收入家庭的住房计划中,我国香港和日本、新加坡实施时间最长、内容最丰富、结果也最好。其中,日本连续实施的"五年计划",使日本的住房水平后来居上。新加坡的"居者有其屋"计划,创造了发展中国家经济起飞和住房保障的双奇迹。我国香港地区的"公屋计划"和"长远房屋计划",提供了公共住房

政策从福利型平稳转向市场型的成功经验。

③我国住宅业发展具有良好的外部环境条件。

一是制度保障。经过改革开放和宏观调控，适合国情的住房制度已经基本建立，住宅产业的发展有法可依、有章可循。

二是社会基础。经过多年实践和探索，一些难点、热点问题逐步显露和解决。近年来的市场起伏有助于人们进一步找准症结，完善政策。特别是最近党中央、国务院都对房地产业的发展作出明确部署，进一步统一了思想，促使形成全社会支持解决住房问题的合力。

三是经济基础。现在市场上大量的待售房和在建房为加快解决中低收入家庭的住房问题提供了实物条件；国内银行大量储蓄存款为加大投资，推动住宅业发展提供了资金条件；随着国家进一步扩大内需政策的落实，原材料工业的巨大产能必然会增强住房建设的物质条件。四是后发优势。发达国家的住房保障制度都是为应对经济萧条、战后重建、自然灾害与社会动荡等极端不利的外部环境而被动建立起来的，而我国却是在顺境中，在经济社会发展又好又快的情况下主动提出了群众"住有所居"的历史使命。与"样板"国家开始着手解决住房问题当时所处的条件相比，我国住宅业发展的主动性和有利条件是十分明显的。

3. 对计划内容的若干建议

①计划期限以10年为宜。住房制度改革30年的历史基本上是10年探索、10年试行、10年全面推行。特别是第三个10年改革全面深化和住宅业发展的成效大大超过了人们的预想。由此得到启示：13亿中国人的住房问题也可以在较短的时间内得到解决。因此，只要部署得当，理顺关系，集中必要的资源和力量，再用10年的努力，完成面临的主要住房工作任务是可能的。也就是说，日本、新加坡历经40年取得的成就我们也可以在同样长的时间段内实现。

②制定适当的住房保障目标。要求各地政府从实际出发，制定适应当

地群众需求的住房发展阶段性目标,并明确分年度、分阶段的工作任务,有计划、有步骤地组织实施。把对低收入家庭的住房保障水平纳入到对政府工作的考核范围,但是对具体采取什么样的保障方法可以由城市政府自行决定。

③进一步深化住房制度改革。切实建立和完善政府职能和市场机制有机结合的住宅业发展体制,搞活、规范住房市场。形成住房保障促进住房市场、住房市场支撑住房保障的相辅相成的新关系,共同为大众住房服务。

④加大住房保障的投入。改变住房保障和城市建设过分依赖"土地财政"的状况。把住房保障补贴列入各级财政预算,把发行中长期债券作为基础建设的正常资金来源,从体制上防止地价房价的暴涨暴跌。

⑤完善住房金融政策,切实解决中、低收入家庭住房融资难的问题。可以采取发行国家和地方债券的方式,把部分闲置的银行储蓄存款和住房公积金动用起来,向中低收入家庭发放有偿低息的住房券,以迅速启动和扩大住房消费。

第三章　政府资助
——从"砖头补贴"到"人头补贴"

● 财政补贴是住房保障的基本内容。在现代住房制度的建立和发展过程中，各国根据不同的发展阶段和经济社会条件，采取了不同的补贴方式。按财政资源来分，主要有财政预算支出、土地价格优惠、税收减免、其他公共服务费用减免等等。按补贴投向分，主要分为两种：一是住房供给方补贴，即通过建造房屋低价出售或出租给保障对象。这种补贴建造房屋的方式，又形象地称为"砖头补贴"。二是住房需求方补贴，即直接以补租金或补房价的方式把货币直接补给符合保障标准的人群，所以又形象地称为"人头补贴"。

● 世界上大多数国家的住房保障都经历过或正在经历着由"砖头补贴"向"人头补贴"的转变。共同的经验证明，早转早主动，早转多方都受益。

● 除少数特例外，住房保障的货币化直补方式受到地方政府、开发企业、住房居民的共同认同。一方面是由于对解决低收入家庭住房问题的有效性，另一方面是基于拉动住房消费和投资，具有明显的低成本性和可观的税收、就业率等经济社会发展的回报。

● 我国廉租房制度应回归"租金补贴"为主的本元。除市场上房源不足和当前应对危机扩大内需的特定时期外,一般低收入家庭的住房困难主要通过租金补贴的办法解决。

• 我国面临着以"经济适用房货币化补贴"为内容的第二次房改。只有全面实行货币化直接补贴,经济适用房制度才能避免从形式到实质的自然消亡,中低收入家庭的住房问题才能得到全面、快速的解决。

一、我国住房补贴现状

1. 住房补贴的制度安排

①廉租房。根据我国《城镇最低收入家庭廉租住房管理办法》的规定:"城镇最低收入家庭廉租住房保障方式应当以发放租赁住房补贴为主,实物配租、租金核减为辅。"

——租房补贴:是指市、县人民政府向符合条件的申请对象发放补贴资金,由申请人到市场上租赁住房。这种办法的优点是:保障对象受益直接;投放资金流程短,便于审批和监督;保障标准可以根据财政负担能力和保障对象灵活调整,可以在较短时间内以较少的资金使更多人受益,实现"应保尽保";维护住房市场的统一性和有效性;租房的选择性强,节省住房开支。缺点是在住房市场不发达、房源不足的情况下难以起到住房保障作用。

——实物配租:是指市、县人民政府向符合条件的申请对象直接提供住房,并按标准收取租金。这种方法的优点是向保障对象提供的住房功能性、成套性都符合标准要求,居住条件无论是量还是质都可以一步改善到位。缺点是住户的住房开支相对较高,无法按就业、上学等非居住因素选择住房所在位置。对政府来说，实物配租一次性投入的资金较大，制约保障面的迅速扩大；从建房到分配资金的工作流程长，容易流失浪费；住户退出机制尚待建立；管理和监督成本高，容易发生不正之风和腐败现象。

——租金核减：是指原来已经住在公有住房的保障对象由产权单位给予租金减免。这一部分住户现在的数量已经不多。

②经济适用房。根据我国《经济适用住房管理办法》的规定，"经济适用住房，是指政府提供政策优惠，限定建设标准、供应对象和销售价格，具有保障性质的政策性商品住房。"规定的优惠政策主要有供地、减费、贷款条件。

——土地划拨：经济适用住房建设用地实行行政划拨方式供应。这一规定的本意是把预期的竞争性用地的土地增值收益作为对住房建设的补贴，以降低经济适用住房的价格。但是在实践中，土地价格高的城市，反映到经济适用住房与商品房之间的价差较明显，可达20%～40%，而在一般城市，特别是房地产市场发育程度低、经济较落后的地方土地的价差并不显著，因而对经济适用房的降价作用有限。此外，从近年来土地市场的情况来看，可用于通过招拍挂方式获得增值收益的土地主要是房屋建设和商业用地，大约只占土地供应总量的40%左右。因此很难拿出大量的土地以行政划拨的方式供给经济适用房。经济适用房建设一直达不到规定比例要求，土地供应不足是重要原因之一。

——减费：即经济适用住房在建设和经营中的行政事业性收费减半征收；小区外基础设施建设费用由政府负担。这一条优惠政策对房价降低的作用也很有限。规定减免的费用都要由其他公共服务项目和市政建设项目来承担，属于拆了东墙补西墙，本身就限制了经济适用房建设比例的提高。

——贷款条件：主要包括购买经济适用住房的个人房贷利率不上浮。建设单位可以用在建项目做抵押，向商业银行申请开发贷款。对这两条规定在现行住房金融政策下没有很强的执行力。实践中经常遇到商业银行对购房者的还款能力和开发项目的经济效益持怀疑态度而很难按规定的条件放款。

——住房公积金优先：按规定住房公积金可优先向购买经济适用住房的个人发放。但现实中大部分低收入群众还没有纳入住房公积金的缴存范围，所以这条政策等于悬空。

——价格控制：即凡是经济适用住房都是依据建设、管理成本和不超过3%的利润，由物价和建设主管部门定价。但实际上开发企业真实的建设管理成本很难被政府部门所掌握。政府通过政策优惠出让的公共资源有很大一部分在这个环节流失掉了，剩余部分转为房价差额才是保障对象能够真正享受到的。

2. 实施状况

①保障对象的调整。按照1998年国务院出台的〔1998〕23号文件规定，廉租房的保障范围是"最低收入家庭"。按统计口径，应占家庭总数的10%左右。到2007年，国务院〔2007〕24号文件规定到2010年，扩大

到"低收入住房困难家庭"。也就是说范围扩大到总数的20%，但目标集中为"住房困难家庭"。经济适用房的保障对象也做了重大调整。1994年国务院出台的文件提出：经济适用房是我国住房供应的主要形式。1998年明确为"中低收入家庭购买经济适用房"。按照统计口径，这一规定意味着经济适用房要承担除高收入、中高收入家庭以外大约占总数的60%的房屋。显然，就当时条件而言，无论是政府的能力还是市场的能力，这一目标是高不可及的。后来在执行过程中，国家三令五申要求经济适用房的比

例要达到20%，但实际上大部分年份连10%都达不到，近些年更低。好在近10年来房地产业高速发展超过了制度设计当时的估计，大多数居民通过市场不同程度地改善了住房条件，促使把经济适用房的保障范围调整为"低收入家庭"。2007年国务院24号文件明确规定："经济适用房的供应对象为城市低收入住房困难家庭，并与廉租住房保障对象衔接。"这样调整后，廉租房和经济适用房的保障对象都针对占总数20%或30%左右的最低收入和低收入范围内的住房困难家庭。我国住房保障制度的"特惠制"性质更加明确。

②廉租房制度落实状况。廉租房制度出台10多年来，在各地执行的过程中对政策本身没有不同的认识，也没有发生过倾向性的矛盾和问题。但落实的进度取决于资金筹集与投入的力度。我国现行廉租房资金筹集主要有三个渠道：财政预算支出；土地出让金提取10%；住房公积金增值纯收益的50%。由于中央财政在2006年前没有安排过预算投入，地方政府除少数财力状况好的大城市外，大部分都没有开财政预算的口子，政府投资的廉租住房建设基本上没有多少。直到2007年国务院安排专项补贴资金后，各级财政部门才开始安排廉租住房建设的投资。2008年国务院在应对全球金融危机、扩大内需的一揽子计划中安排三年建设廉租房500万套以上，廉租房制度进入加大力度、全面落实的新时期。

③经济适用房制度落实情况。经济适用房制度出台时，我国房地产业处于起步发展阶段，市场上住房投资和消费的数量都很小，居民住房消费的主流观念还受福利住房的影响，持等待观望态度。城市政府对企业落实优惠政策成为启动房地产业的主要手段。当时规定经济适用房的供应对象包括了中等收入家庭。因此，经济适用房建设的优惠政策顺理成章变成了启动房地产业的手段。1998~2004年是我国经济适用房建设投资最多的时期，每年都在10%以上，最高年份达到17%，但是有多少真正用于低收入家庭的住房保障，没有统计或研究的数字，从直观上判断比例不会高。

随着我国住宅业进入快速发展、居民住房条件进入快速改善时期，住房差距拉大的现象越来越受到社会关注。客观要求经济适用房的分配必须限制在低收入家庭。从各地实施的情况来看，对低收入家庭分配经济适用房主要有两种形式：

——面向政府批准的工程项目涉及的居民。主要有城中村改造项目、旧城区危旧房改造项目、老企业棚户区改造项目、机关单位的职工集资合作建房项目。这些项目一般都享受建设经济适用房的优惠政策，涉及到的居民都是供房对象。对这些居民分配住房时不再区分收入层次，所以面向专门项目的经济适用房分配总体上是供给了低收入者，但也有一部分中高收入者。其中行政机关和事业单位集资建房的问题比较复杂，在房改前期供应经济适用房无可厚非，对解决工资含量中缺乏住房因素而造成住房消费能力不足起到了积极作用；但后来出现了一部分单位和个人多次集资、多处购房的现象，因而受到中央明令制止。从此，行政事业单位的集资建房均属于违规。

——面向社会全面供应经济适用房。少数城市采取的办法是凡本市有户籍的居民经过自由申请、单位证明、审核公示、统一审批的办法，向符合标准的居民供应经济适用房。这种办法看似公开、公正，但实际执行过程中问题百出。一是需要监督把关的环节多、成本高、效率低，难以规范操作。二是市场房价上涨幅度大时，申请人骤然增多，个别大城市甚至出现"排队奇观"、一房难求，还为少数投机者钻政策的空子和管理者滋生腐败现象提供了机会。三是在市场房价稳定或下滑时，经济适用房的价格就变得不足以吸引购房者。准备购房的消费者也转而购买性价比选择余地更大的普通商品房，或加入持币待购行列。承担经济适用房的房地产业项目利润空间本来就比一般房地产项目要小，销售不畅而形成的风险和损失也就立即凸显出来。

④经济适用房补贴方式的创新。经济适用住房这一供应品种提出之时，我国住房的建设量很小，房源不足是面临的主要问题，因此，经济适

用房的制度安排将优惠政策放在房屋建设方面,即"补砖头"。但是在执行的过程中,暴露出这一制度安排的先天不足。加之住房市场总体从住房供给不足向需求不足或基本平衡转化,理论工作者和实际工作者都在循着

"暗补"改"明补"、"砖头补贴"变为"人头补贴"的路径进行了探索。最早实行补贴方式转变的是山东省日照市。该市于2003年由市政府制定专门文件,出台了经济适用房改为"明补"后的项目规划、土地拍卖、分配程序等配套政策。日照市因此受到广泛的关注,全国有不少城市到实地考察学习。但是几年下来一直是看得多,做得少,表示赞赏的很多,实际效仿的却寥寥无几。究其原因,主要是缺乏国家权威部门的正式肯定和组织推广。直到近两年住房保障的重要性、紧迫性越来越受到各级领导的重视和社会的广泛关注,对经济适用房制度进行改革创新的城市才越来越多。特别是2008年住房市场进入低迷以来,经济适用房的建设面临着前所未有的困难,促使更多的城市开始推广这一带有根本性的改革创新。

目前经济适用房货币化直补依资金筹集方法的不同而可以分为几种类型:

——划地筹资:城市政府将保障低收入居民数量纳入年度计划,划定相应的土地,再经过土地市场竞价将筹集到的土地收益全额补给计划保障的居民。这种方法的优点是补贴标准的高低与土地市场价格相联系,体现低收入者公平分享公共资源及经济发展的成果。缺点是资金来源渠道并未拓宽,住房保障覆盖面和标准都受到限制。

——财政投入:城市政府根据财力状况安排专项资金,对低收入者进行补贴。这种方式在财力相对比较雄厚的城市容易推广,需要保障的

对象和预定达到的标准利用比较充足的财政资金能够尽快实现。但是保障线的划定和保障目标的实现应有制度性要求和年度明确安排，以便检查落实，避免政策悬空。

——政府主导，市场融资：城市政府成立房屋消费融资平台（公司），向商业银行和住房公积金融资，然后对低收入申请购房的居民发放补贴，到市场上自由选择购房。这种办法的好处是资金来源渠道宽，能迅速覆盖更多的人口，居住标准一次性达到商品房的正常水平。江苏省常州市利用这种方法，在实行货币化直补的第一年就计划补贴1万户，补贴资金8亿元。另外一个好处是形成统一的住房市场，从根本上消除政府建房和市场建房之间的相互干扰。当前还有助于消化市场存量房，搞活市场，扩大内需。配合这种补贴办法，需要加强的工作是住房的价格监管，要求供房企业提供充分的价格优惠空间。这方面也需要完善住房公平的法制，规范企业对住房保障的法定责任。

阅读材料：

拿着补贴买房去

——山东省日照市经济适用房货币直补侧记

2003年，山东省日照市坚持以改善城市低收入家庭居住条件为重点，创新住房保障运作模式，探索建立了"货币直补、购房自主、透明运作"的城市低收入家庭住房保障制度。7年来，全市累计发放货币补助2.4亿元，4311户住房困难家庭受益，实现了"应补尽补"。城市低收入家庭住房问题的基本解决，让越来越多的港城市民圆了自己的住房梦，在很大程度上促进了住房需求的阶梯式消费，推动了房地产市场的良性发展，受到了群众的普遍赞誉。

家住东港区日照街道相家庄村的王朋华，是日照市洁晶集团的一名普通职工，2005年家庭总收入不足万元，经济条件很差。他与父母同住，全家几口人挤在低矮的小屋内。2006年,他申请的经济适用住房补助中号,在荣华小区购买了一套78平方米的二室一厅住房。该房总额约13万元,王朋华自己只掏了7.5万余元,其余5.4万元房款凭政府所发的《购买经济适用房补贴许可证》,一次性领到了补助。买什么房子可以自己做主,政府的好处明明白白、实实在在,大大减轻了他们的负担。

住房保障制度公平不公平,人心是杆秤;效果好不好,老百姓心里最清楚。记者在对日照市10户城市住房困难家庭调查时,每户都很赞成实行经济适用住房补贴,对这一做法十分满意。

为保证公开公平,日照市严格规范申请经济适用住房补贴的运作程序。经济适用住房补贴的申请全部定位在城市低收入家庭,必须同时具备5个条件:具有本市规划区内常住户口满5年;已婚家庭,且夫妻双方平均年龄满30周岁;申请人为城镇职工,包括下岗失业人员;无房户或人均住房面积低于10平方米的住房困难户;年家庭收入符合低收入标准的家庭。对于低保户和特困户没有户口时间和年龄限制,确保补贴资金真正落实到急需解决住房困难的群体。

政府对低收入家庭的标准每年向社会公布,每年补贴户数、每户补贴标准及计算公式等也都全部公开,群众可以自己测算。补贴对象的确定则严格按照"个人申请、单位核实、张榜公示、公众监督"的程序进行审批,并实行申请公示、标准公示、摇号公示、补贴发放公示的办法。对弄虚作假、骗取补贴的依法追回补贴,并按规定追究有关单位和人员的责任。

(原文载于《中国建设报》2009年2月16日头版头条,本书收录时有删节)

二、有关国家住房补贴的主要做法

国外的住房补贴主要有财政预算、减免税、供地政策等。

1. 美国住房补贴概况

美国住房补贴的项目、资金、实施办法等要由议会决定,而并不是由统一的制度规定的。经过 70 多年的演化,美国形成了最为庞大复杂的补贴方式。大规模的补贴发生在 50 年代以后。美国 1949 年通过《住房法案》后,按照议会宣布的"让每一个家庭都能在舒适的环境里拥有一个舒适的家"的住房目标,联邦政府为资助全国的低收入者,以各种项目共建设和维修了 500 多万套住宅,还为 300 多万户提供了租房补贴。此外,为更多的中高收入家庭通过纳税优惠提供了住房资助。2004 年,联邦政府用于低收入者的住房资助不到 329 亿美元,而对中高收入者的税收优惠和权益减免让利超过了 1000 亿美元。根据本书的主题,这里主要介绍针对中低收入家庭的补贴。

联邦政府对低收入者的住房资助主要有四种类型:支持房屋建设,包括公共住房和"第 8 条款项目"补贴私人住房建设;补贴低收入者到私人住房市场租房,包括租房券等;贷款担保,包括支持住房管理局和房利美、房地美两大企业的担保融资业务;为地方政府项目提供补助资金。目前全美大约有 690 万低收入住户接受直接的住房补贴,其中接受自住建房补助是最大的项目,大约为 200 万套;提供租房券的 180 万套,列第二位;第三位为通过住房税收补贴帮助开发的低租金出租房 123 万套;公共住房约 120 万套,列第四位。其余不到 70 万套为其他各种项目资助。此外,还有大量的中低收入家庭通过贷款担保而享受着贷款风险的补贴。

①公共住房建设及其接续项目。美国公共住房建设从上世纪 30 年代

到 80 年代历经 50 多年。是迄今为止人类历史上规模最大的政府建房工程（日本、韩国在上世纪 70~90 年代年建房套数超过美国，但面积仍以美国最大），对解决当时房荒和贫民窟问题的历史功绩是无可置疑的。但是后来因为各类经济和社会问题难以解决，已在上世纪 80 年代不得不宣布中止。此后联邦政府对住房建设的资助仅限于：改造更新公共住房的希望 6 号计划；地方住房和社区建设的拼盘项目；老年人及其他特殊群体的住房项目。这些住房项目也改变了过去由住房管理局统管的状况，引进了市场经营机制。例如公共住宅区经改造后大约一半为用于出租的公房，另一半为私人房屋，按市场规则运营和管理。再比如用于支持地方和非盈利组织的项目，要求按一定比例把住房和社区的其他项目结合起来，防止单纯建公共住房造成新的配套和运营方面的困难。

②租房券项目成为住房补贴的主角。关于租房券的讨论经历了 20 世纪 30~70 年代约 40 年，直到 1974 年才以住房法第 8 条款的内容被议会通过。为了实施租房券项目，美国在 70 年代以 1.75 亿美元进行了为期五年的被称为"最大的社会科学实验"，结束了争论，其后迅速发展成为美国投资最大的低收入住房补贴项目。对低收入家庭的界定是收入不高于地区平均水平的 80%，补贴标准按住房支出超过收入 30% 的部分核算。租房券项目发展速度很快，1974 年设立，两年后即达 10 万户，6 年后达 62.5 万户，2004 年达 180 万户，比公共住房户超过 57 万户，占联邦住房和城市发展部资助总户数的 40%。

③政府资助的私有出租房。这类住房一般面向中等收入家庭，一共有 100 多万套，主要是在 20 世纪 60~80 年代建设的。政府资助主要是金融方式，而不是财政投资方式。措施一般有三项：一是抵押贷款利率低（通常为 3%）；二是由联邦住房管理局进行贷款担保；三是贷款证券由政府支持企业房利美收购。也有的不是买断贷款，而是提供"降息支付"。通过这些有政府担保或补贴的市场化运作，使房租或房价大幅度下降。例如贷款利息从 6.5% 降到 3% 时可使房租降低 27%。这些项目在 20 世纪 70

年代后都因资金不足而陷入困境,联邦政府不得不提供额外的房租补贴,有些项目还提供了减税(加速折旧津贴)。后来又专门立法对"老资助房"和"新资助房"项目利用政府融资工具进行抵押贷款的重组,以维护租金的低廉性。

④政府资助的住房抵押贷款项目快速发展

——联邦住房贷款银行项目:按照议会通过的《社区再投资法》,存款机构应为吸纳存款地区内所有的住户提供住房贷款及其他服务,不得拒绝为少数种族和低收入住户提供住房抵押贷款。法令明确要求联邦住房银行要把每年净收入的10%用于一项新的廉价住房项目(AHP)。1990~2003年,该项目共投资17亿美元,开发了35.9万套住房。此外,还要求联邦住房贷款银行系统的所有成员银行都可以获得低利率贷款,用来资助中低收入家庭购买、建造、修缮或重新融资自住或出租房。

——联邦住房管理局项目:政府控制的企业房利美和房地美从1992年起,都要完成议会规定的几个"廉价住房项目"。2006年的具体目标为:

• 中低收入目标:所有住房贷款中至少有53%的承借家庭收入不高于所在地区的平均收入。

• 特别廉价性项目:极低收入(低于平均收入的60%)或低收入(低于平均收入的80%)至少占23%。

• 特别廉价性多户住房项目:94亿美元

• 地区目标:至少有38%的贷款用于旧城区、农村和其他贷款供应不力的地区。

联邦政府规定的廉价住房目标,房利美和房地美都

能达到或超过，它们优越的资金条件主要来自财政部贷款、免除绝大部分州和地方税、免除证券交易委员会设立的注册要求。它们帮助的中低收入家庭不仅降低了贷款首付，而且增加了住房支付能力。

2. 各国住房补贴的共同趋势

①明确中央政府和地方政府的职责。中央政府主要负责制定目标，提供资金并出台政策，地方政府负责实施。美国联邦政府发放的住房补贴约占总量的70%~80%，地方政府组织建房，出售或出租给低收入家庭。英国依据各个地方低收入居民的住房情况按年度向地方拨款，由地方政府组织建设和管理住房。日本三大住房保障的支柱（公营住宅、住宅公团和金融公库）都是以国家财政出资为主，地方政府负责供应土地并组织建设和管理。

②住房保障范围缩小，标准提高。历史上住房严重短缺时期，欧美国家的保障范围几乎包括高、中、低各个收入阶层的住房困难人群。20世纪70年代后，转向中、低收入阶层，之后进一步缩小到低收入群体，中等收入以上家庭的住房问题尽量交给市场解决。瑞典、荷兰等高福利国家虽然讲"住房人人平等"，但实际上公共资源还是大部分用于困难群体。

③鼓励公共住房以出售取代出租。新加坡在组屋建设计划开始实施不久，即鼓励"居者有其屋"，按较低价格向居民出售组屋，所以现在新加坡住房两个指标在世界上都是最高的，即政府提供住房的比例最高（达84%），居民住房自有率最高（达90%以上）。说明政府建造的房屋大部分卖给居民个人所有。新加坡政府建设的公房（组屋）能够比其他国家经营管理得好，重要原因之一就是居民获得了产权。美国的公共住房原来全部用于出租，但是有许多项目出现了经营危机。经过引进社会力量改造更新的公共住宅区，出售比例占到一半左右。英国在1981年公共住房比例曾达到30%以上，经过私有化后，下降到10%左右。日本规定租用公营住宅的住户当收入超过规定标准、连续居住五年后就须买下

该住宅。

④政府资助居民到市场上租房或购房。这可以看做是替代公共住房项目的住房资助政策。补贴方式包括租房券、住房津贴、税收优惠、低息贷款、改善社区设施等。补贴对象既可以租用公房，也可以租用非盈利机构和开发商建造的房屋及私人住房。有的国家自有住房的居民在住房开支超出收入总额的一定比例后也可领取住房津贴。美国还以立法和政府信用担保来督促住房金融机构向中低收入家庭发放住房抵押贷款，看起来不需要政府投入资金，但是项目一旦发生系统性风险，最后仍然要由联邦政府出资收拾"残局"。因此，政府对住房贷款进行担保实际上也是住房补贴的一种形式。

⑤从"砖头补贴"到"人头补贴"的转变是大势所趋。住房供给方补贴（砖头补贴）在房源不足的时期是迅速解决"房荒"的有效手段。但长期施行，其政府财务负担重、经营管理困难、监督成本高等问题迫使发达国家都将政策取向转向住房需求方直接补贴（人头补贴）。目前，发达国家和亚洲四小龙政府投资建造住房的比例已经很小了，对低收入住房问题的资助主要靠针对需求方的各种各样直接补贴。

需求方直接补贴的优点概括起来讲，一是符合保障对象自主选择住房的愿望。有好多低收入者不愿入住公共住房，但是几乎没有人对政府发给住房补贴持有异议。特别是在西方国家人口流动性大的情况下，直接住房补贴能够满足选择居住地时对就业、教育、邻里及环境的不同要求，节约经济和社会成本。

二是政府可以减少公共资源的刚性投入，减轻经济负担，降低管理和监督成本。补贴标准依据财力和目标进行机动掌握，以较少的投入使更多人受益。

三是避免了政府对住房市场的直接干预，维护住房市场的统一和供求关系的真实性。公共资源直接投向住房需求方，有效地提高了住房消费能力，带动住房标准的提高和设施的不断完善，推动房地产市场持续发展，促进经济的繁荣振兴。

四是社会公众、议会、政府及房屋供需双方都满意这种转变。"砖头补贴"项目从提出到批准再到实施见到效果，一般要经历很长的时间。但"人头补贴"项目一般用很短的时间就能批准

和实施，发展起来也十分迅速。美国直接针对低收入者的租房券项目实施十几年就超过实施了50多年的公共住房项目，就证明了这种转变对提高住房政策有效性的巨大作用。

对需求方直接发放补贴的"人头补贴"方式也引发了一些人的担忧。一是能不能保证纳税人的钱用到"穷人"的住房上。这种担忧在少数国家曾经反映得比较突出，但是在私有化浪潮后已经不多见了。二是需求方补贴会不会提升购房或租房价格。对此，经过保障住房公平的立法、政府谈判等办法，已经有了控制的措施。

⑥住房政策的特例——新加坡和纽约市

新加坡进入21世纪后仍然在结合新镇建设由政府投资建造组屋，尽管也增加了完全市场化的私人住宅的比例，但毕竟没有放弃"砖头补贴"政策。应该说新加坡这一特例是由单一城市国家、强势政府、经济高度发达等特有条件作为支撑的，一般国家并不具备。例如，新加坡既垄断了中低档住房市场，又支持发展面向高收入家庭的私人高档房市场，这种两个市场分离的做法在人口大国和国土大国都是难以推行的。再如新加坡公屋建设和以后的翻新改造所投入资金占财政预算和GDP的份额之高，一般国家也是难以效仿的。

纽约市是执行美国联邦住房政策既同步又例外的城市。1987年，在美国联邦政府已经中止了公共住房项目的情况下，纽约市开始了投资40亿美

元的名为"资本预算"的住房建设和维修项目。2002年12月,又追加了30亿美元投资,用以在5年内开发6.5万套住房。加上前五年已建设的3.3万套,总数达9.8万套。此外还有数量庞大的修缮和更新旧房的项目。所需资金一半来自联邦政府组团基金和住房税补贴,一半来自发行市政债券。纽约市在住房建设上花钱的大方程度是美国其他城市望尘莫及的。

分析纽约市逆势大搞"砖头补贴"的条件,一是原有的公共住房管理得相对比较好,公共住房的弊端被纽约市的一些有利条件掩盖或抵消了;二是纽约市把市场融资的住房供应模式发挥到了极致,政府可以先建房,后花钱。一方面是由于纽约市政府的行政能力一直被认为是卓越的,另一方面世界金融之都的特殊地位也是绝无仅有的;三是近些年虚拟经济的发展提高了居民收入和政府还债能力的预期。这次金融危机过后,纽约市的住房政策走向如何,有待观察。

3. 取长补短,创建中国模式

考察各国的住房制度和住房政策,没有任何一种模式和做法是我们可以直接照搬模仿的。对于外国的经验,既要看结果,也要了解原委和历程,还要看到变化的趋势。只有深入地了解来龙去脉,评价优劣,掌握内在规律,我们才能得到正确的启发和警示。否则听风就是雨,只知其然,不知其所以然,跟着别人把弯路再走一遍,只能贻误我们自身的事业。特别是现在正处在世界各国都把房地产业作为经济发展的支柱产业,希望通过住房消费为经济发展注入活力的潮流中,住房政策的最新变化是应当值得我们不断跟踪研究的课题。

三、完善以需求方货币化补贴为基础的住房保障体系

1. 总结经验,完善以货币化补贴为主的政策

1998年国务院正式出台住房货币化改革的文件中明确了我国住房保障

的基本框架。在此基础上，其后又出台了的关于廉租住房、经济适用住房、住房公积金等一系列法规、文件，形成了比较系统的住房保障政策。从执行的效果来看，这些政策是基本符合国情的。但是限于当时的理论研究和实践经验都不足，有些规定需要进行完善和调整。特别是住房保障的目标和方式，经过10年来各地丰富多样的实际探索，已经具备条件制定全国性的统一要求，形成一套稳定的、可操作性强的住房保障制度，防止再出现频繁调整和制度性内耗的现象。

如果说我国住宅业（或称为住宅类房地产业）已经基本进入成熟发展阶段的话，那么与之同时推出的住房保障体系建设只能说还处于初期起步阶段。现在，在中央的大力推动下，我国正在展开事实上是人类历史上规模最大、理应是效率最高的住房保障工作，急需要在已有政策的基础上，进一步补充完善，立法立规，形成统一的住房保障制度。对这一制度进行国际比较，应该是吸收各国先进经验，摒弃弯路的最先进制度；用国内实践进行衡量，应该是基于各地成功经验，汇集绩效最优的模式。这样的制度只能基于"以需求方货币化补贴为基础，以供给方补贴实物分配为补充"的制度。把货币化直补作为住房保障的主要方式，国内外成功经验、各级政府的共识、低收入住房居民的赞同、住房市场的相容程度都是一致的。

2. 明确保障标准和保障对象

住房保障制度如果以"砖头补贴"为主，中央对地方、上级政府对下级政府的要求和考核首先要看盖了多少房，其次才看保障了多少人。而改为"人头补贴"为主后，考核的重点就直接指向对低收入人群的保障程度，至于由政府再盖多少保障性住房，完全由地方政府根据房源充足程度和财政管理要求自行决定。因此，明确保障标准和对象不仅是体现"以人为本"科学发展思想的要求，也是实施直接补贴工作的基础。国家已明确保障对象为"低收入住房困难家庭"。"低收入"的标准线比较容易确定，但是"住房困难"则需要按家庭结构、居住面积、设施完备程度等要求分别具体规定。根据建设部政策研究中心的研究成果，我国城镇人口中大约有15%~20%是廉租住房应覆盖的范围，大约有15%是经济适用住房应保障的范围。根据这一报告推算出的我国城镇廉租房和经济适用房保障范围约为6000万~7000万个家庭，但是在此范围内有多少户确定为"住房困难"的保障对象没有提出。还有的研究报告提出应当把住房面积平均数的50%~60%作为住房保障的标准线。按我国现有城镇家庭总数测算，约为4600万~5400万个家庭。不管怎么测算，我国应列入住房保障的人数可能是世界上最多的。

笔者认为，我国人口多，各地经济发展和住房条件差异很大，不可能以一刀切的形式确定保障目标和标准，但是也不能像现在这样过于笼统或是抱"走着瞧"的态度。应当把住房面积平均水平的60%作为保障线，以此为基础，结合家庭收入、家庭结构、居住现状等条件，识别"住房困难"程度，分省市区量化保障对象和保障标准，作为考察工作和安排投资的依据，分年度达到覆盖范围，限期实现"应保尽保"。

3. 确保住房保障的资金来源

住房保障是以公共财政资源投入支撑的民生项目。保障目标必须要以财政直接或间接支出为保证条件。国务院发展研究中心对我国 10 年内廉租住房所需政府投入的资金按低、中、高三个方案进行了测算，分别需要 2689 亿元、4269 亿元、6996 亿元。如果加上经济适用房投入的资源，是一个十分庞大的数字。但是从我国经济发展的现状和预期来看，我国的公共财力完全可以负担得起低收入家庭住房保障的补贴需求。按照有关国家的经验来看，实行普惠制的国家，有相当多的年份住房保障的开支要占国家财政预算的 10% 以上，实行特惠制的国家一般要占 2% 左右。美国是利用"金融市场+政府引导"的模式来筹集住房保障资金的，政府和议会都对投资严格把关，可以说在各国住房保障制度中相对来说是"最省钱的"，住房保障开支仍然要占联邦政府年度预算的 1%~2%，最高年份达 8%。我国目前实行的保障模式属"特惠制"，对政府投入的压力相对较小。目前全国财政支出的总规模已达到 3 万多亿元。按国外特惠制国家经验数据 2% 左右测算，年度住房保障支出应在 600 亿元以上。对这样一个投资规模，必须要在几个关键点上有清醒的认识：第一，按照社会公平正义的要求实现"住有所居"的目标，这一投资的下限是必须要保证的。第二，如果这一投资用得好，不仅城镇常住人口中的低收入家庭住房问题能够得到解决，而且进城务工农民、农村居民的住房保障也有了可靠的依托。第三，这一投资如果主要用来补贴住房建设，不仅保障面小，而且政府会背上越来越沉重的经济包袱。如果主要用来补贴需求方购房租房，不仅减轻了运营负担，而且可以拉动房地产的投资与消费，经济回报也是相当可观的。美国的住房保障制度至今已经实施了 70 多年而仍在不断加强，重要原因就是住房投资、消费和家庭居住开支对美国经济起着重要支撑作用。特别是地方财政收入的一个主要来源就是住宅业。

两种补贴方式对财政收支影响对比表　　　表3-1

影响环节	供给方间接补贴	需求方货币化补贴
财政资源投入	刚性、集中	分步、分散
土地供应	政府无收益	政府有收益
建房投资	政府高成本	政府无成本
管理房屋	政府有成本	政府无成本
维修房屋	政府高成本	政府无成本
住房消费市场	政府无收益	政府有收益

4. 廉租住房制度要回归以租金补贴为主的原本宗旨

廉租房制度在出台时就明确规定以租金补贴为主，实物配租为辅。但是在实际落实过程中，经常听到和看到的都是强调廉租房建设，而使更多低收入群众受益的方式——租金补贴常常被忽略。当前，为应对世界金融危机而加大廉租房建设力度，是大局的需要；但是从长远来看，应当坚定地回到主要靠租金补贴的轨道上来。印度在效仿其他国家公共住房建设遭到失败后，从20世纪90年代开始，全部改由租金补贴来对低收入群体进行资助。我国住房保障工作的力度比印度要大得多，印度遇到的问题更应引起我们的注意，及早采取措施，避免弯路。

5. 全面实行经济适用住房的货币化补贴

已经试行货币化补贴的城市用创造性的实践成果证明，把原规定的建造房屋的优惠政策改为直接对购房者进行货币化补贴后，经济适用房制度的目标、对象、产权管理措施等制度设计都是可以继续实行的，对低收入家

庭的保障作用也是切实有效的。而如果固守原定供给方优惠的间接补贴政策，对制度性缺陷和实践中的乱象任其发展，那么经济适用房制度将不得不走向消亡而退出历史舞台。

因为它有几个障碍是无法逾越的：一是商品房属性的定位与政府干预的矛盾无法解决。从土地供应到房屋建设、分配、管理，政府职能的执行力和监管的有效性都是无法达到规范要求的。

二是不少中小城市缺乏相关的土地收益、公积金收益等政策手段，金融部门也担心风险问题而缺乏投资的积极性，事实上的无米之炊导致经济适用房制度无法落实。

三是经济适用房的先天不足决定了性价比要低于普通商品房。在住房市场价格上涨较快时，价差比较大，对购房者有吸引力；住房市场价格平稳时则购房者宁愿选购一般的商品房。而我国的住房市场在正常情况下应该是平稳的，经济适用房的价格优势不会太明显。总之，只有通过货币化补贴，才能真正体现经济适用房制度对低收入家庭住房的保障作用。

阅读材料：经适房货币补贴再探路

最近，江苏省常州市的一项新政在坊间引起热议。从3月1日起，常州开始改革经济适用房保障模式，对符合经济适用房申请条件的低收入家庭每户补贴8万元，供他们在市区选购新建的普通商品房。并称"年内全部解决1万户左右符合条件的低收入家庭的货币补贴，总共将投入约8亿元"。在此期间内，暂停新建经济适用房。

新政立刻引发了申请的热潮。截至3月23日，仅三周的时间常州市已受理1607户货币补贴申请。而去年全年，提出申请经济适用房的总数为1528户。购房者对货币补贴的热情可见一斑。

与大多数城市一样，常州市此前的经济适用房保障方式，全部是"补砖头"。近年来房价快速上涨，便宜而价格稳定的经济适用房受到低收入家庭的欢迎，供不应求。然而2008年，常州市共发放经济适用房准购证

1321张，实际签合同数仅为811份，510户家庭由于种种原因，放弃购买资格。

针对这些问题，实行货币补贴的思路逐渐浮出水面。通过货币补贴，购房者能减轻首付现金压力，又能比较自由地在市场上选择适合自己的住房。在1年内让1万户家庭进入商品房市场，按照每户80多平方米计算，将可以消化近100万平方米存量房，占常州市2009年销售目标400万平方米的¼。此举对拉动住房消费，扩大内需无疑将起到巨大作用。

在经济适用房"补砖头"模式中，地方政府的投入主要是无偿划拨的土地和减免相关税费。开发建设依托开发商，按市场模式进行。因此，政府并不需要投入大量现金。但用货币"补人头"，在1年内掏8亿元，必须拿出真金白银。资金来源成为最大问题。同时，房地产市场的低迷使常州的土地出让、税费等收入大幅减少，更加剧了资金紧张。

为解决融资难题，常州市日前注册成立了"常州公共住房投资建设发展有限公司"（简称"房投公司"），作为经济适用房以及将来整个住房保障的投融资平台。房投公司注册资本为10亿元，包括政府注入的现金以及土地资源。公司正式运作起来后，将通过银行信贷和酝酿中的房地产投资信托基金（Reits）进行融资。筹集的资金将全部用于经济适用房货币补贴和其他保障性住房建设。未来则通过土地出让收益、财政住房保障专项资金等，有计划的还贷。作为常州市房管局的战略合作伙伴，建设银行常州分行计划向房投公司提供约6亿元低息贷款，目前大部分手续已经完成，预计4月初能完成投放。除了贷款融资，建行还计划与房投公司合作开发一款房地产信托基金，通过资本市场拓宽融资渠道。

资产质量好、风险可控，同时，支持保障性住房建设符合当前扩大内需保增长的要求。向房投公司放贷对银行而言"名利双收"。因此，各家银行的积极性都很高，并已经开始了审贷流程。

（原文载于《人民日报》2009年3月30日，本书收录时有删节）

第四章　政府建房和市场建房并轨运行

- 现在世界上还没有哪个国家不依靠市场就解决了居民的住房问题。但是市场"嫌贫爱富"的天性又顾及不到中低收入居民的住房困难。政府为社会大众特别是困难群体提供住房条件就成了必然选择。

- 住房是价值高、使用年限长、建造和维护费用都很高的商品。政府提供产品的高成本、低效率特性在住房领域中表现的尤为突出。政府包办公共住房的方式在经济上难以为继是各国面临的普遍问题。

- 住房是民生性极强的特殊商品。政府在住房建设、分配、管理中极易发生使用公共资源不当的问题，将自身置于社会矛盾的焦点。公共住房引起的"贫困集中"及一系列社会问题是产生"城市病"的重要原因之一。从社会发展的角度观察，政府包办公共住房也是不可持续的。

- 在现代住房制度中，不能没有政府建房即公共住房（包括政府补贴的半公共住房），因为这是保障低收入群体住有所居的必然途径。同时也不能没有市场建房即商品房，因为这是解决全社会住房问题的主要基础。至于公共住房和商品房各占多大比例，采取什么形式建造和管理，则依各国的经济、社会、文化背景不同而各有特色。公共住房和商品房之间的建设、分配、管理建立何种关系，如何提高运行效率可以说是世界性难题，至今各国都在探索和演进过程中。但是政府建房和市场建房并轨运行是世界各国的共同趋势。

一、我国住房供应体系的现状及存在问题

为了对我国住房供应体系的框架有一个概括性了解，现将目前城乡实际存在的住房分类排列出来。11种住房中，属于公共住房性质的5种，其中4种与商品房交叉；属于商品房性质的7种，其中有4种与公共住房交叉，还有一种属违法违规房；属于农村建房的三种，几乎全部在政府职能范围之外；两种违法违规建房，其中一种属商品房，一种属农民自建房。

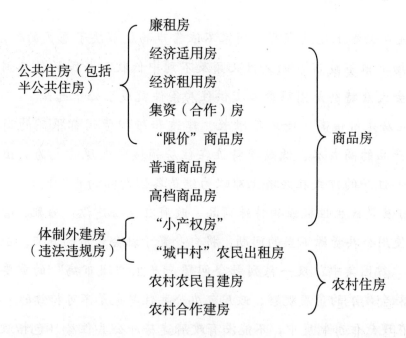

只要看一看这张图表，即使是一个对房地产业一无所知的人，也可以感到我国住房供应的繁杂程度了。我国住房制度在1998年正式出台时，国务院的文件中对城镇居民住房的供应只规定了廉租房、经济适用房、商品房三种。但是经过10年的时间演变为9种，其中体制内7种，体制外违法违规存在的两种。体制内原设定的廉租房没有变化。原设定的经济适

用房作为政策性商品房，实践中演变为三种，即增加了经济租赁房、集资（合作）房两种。原设定的商品房在实践中为了适应宏观调控的需要，见诸文件的也变为三种，即分为限价、普通、高档三种商品房。两类体制外违法违规建房理应及时制止出现，但是却长期处于各个部门规范管理的视野之外而大量存在，在一些城市还有扩大的趋势。本章主要研究城镇住房，因此农村住房问题留待后面讨论。

1. 经济适用房

经济适用房是在我国住房制度改革过程中，随着"以租促售"的推进，由国家和单位建造低价住房向职工出售而发展起来的。是福利房向商品房过渡的产物。这类住房各地曾有过不少名称，在1998年后统一用经济适用

房进行规范。其政策性主要体现为：一是提供优惠政策，包括土地划拨、配套费减免。二是限定建设标准，先后提出过60平方米、70平方米、90平方米等不同标准。三是限定供应对象，最初为中低收入家庭，后来调整为低收入家庭。四是限定销售价格。开发利润不超过3%。

经济适用房是我国住房制度的重要组成部分，对住房保障和住宅业发展起到了巨大推动作用。从1998年到2006年，全国经济适用房竣工面积达到13亿平方米，解决了约1650万户中低收入家庭的住房问题。

经济适用住房在出台之后就有不少歧义和争论。同时，在建造、分配、管理的实践中也出现了很多问题和弊端。

一是"政策性商品房"的定位难以把握。"政策性"要体现对低收入居民住房的政府保障，"商品房"的属性则要服从市场供求关系，追求利

润的最大化。政策规定3%的利润率很难对开发企业查实。政府提供给开发商的公共资源本意是要转移到购房的低收入居民,但是有多少在中间环节流失掉了无从所知。另外政府提出的建房标准符合不符合消费者的要求,如果卖不出去谁承担损失等等都难以明确。

二是建造主体不统一,管理难以规范。目前主要是由开发商建造,同时也有一些城市政府成立了专门机构建造和经营。还有一些是企事业单位自行建造经营。管理和分配的中间环节成本高,使低收入居民受益这一初衷更加难以保证。与开发商建造相比较,政府直接建设分配虽然比较容易保证供给低收入群体这一核心目标的实现,但在计划经济时期政府管理房产的高成本、低效率这一顽症可能又会复发。而开发商建设、政府分配的模式到现在还没有形成规范的制度。

三是分配标准难以落实。在我国个人收入信息和信用制度不健全的情况下,"低收入"者的界定困难,分配偏差的比例很高。一旦超过收入标准的非供应对象购买,清退几乎是不可能的。加之管理漏洞和不正之风,更增加了保障对象的难以准确界定。

四是优惠程度与低收入者的购房能力形成巨大反差。目前经济适用房除了在一些房价暴涨的大城市比普通商品房低20%~40%以外,一般城市只低10%上下,价格优惠程度并不明显,加之性价比往往不及商品房,质量问题又受到质疑,造成某些城市经济适用房小区入住率低。

五是供求矛盾大。国家规定商品房开发中经济适用房要占20%,但数据显示,2005年、2006年两年的投资仅达到4.8%和5.1%,资金来源不足是建设比例低的主要原因。按规定政府投到经济适用房的资金只有划拨供地时免收的出让金和房屋建设时减免的城市建设行政事业性收费。但是这两块资金都属于在本来已很紧张的城市建设资金中"拆了东墙补西墙",很难挤出更多的资金。就以土地出让金来说,在我国城市供地制度中,法定的公共用地、行政事业性用地等划拨供应土地占有很大比重,工业用地出让价格也很低,真正能够产生土地收益充当"土地财政"的主要是住宅用地和商业用地。要拿出百分之几十来以拨划形式供应给经济适用房，另外还要再拿出一块划拨给廉租房，可以"挤"的空间很小。

六是影响住房市场的规范整顿。经济适用房和普遍商品房在建设、管理、分配各个环节的关系复杂交错，每一个环节"政策性"和"商品性"都要发生冲突。我国住房市场近年来轮番调控整顿，但有不少目标并未达到，市场失灵和政府失灵同时存在，就与此有关。

七是容易忽略住房的安全性和质量标准。建设时过分强调了房屋的经济节俭，不仅形成隐患，而且往往以耐久性为代价，造成长期的维护成本高。

2. 集资（合作）房

集资、合作房是机关、企事业单位利用原有划拨的自用土地为职工建造的房屋。这种建房形式对偿还计划经济时期形成的职工住房欠账，实现住房制度改革的平稳过渡起到过巨大作用。但是，随着住宅业的发展和居住水平的普遍提高，它所存在的问题也越来越突出。集资建房实际上也是经济适用房的一个类型，上述经济适用房存在的问题集资建房也都存在。

此外还有几个突出的特有问题：一是能够进行集资建房的都是控制社会资源较多的有权单位，多次集资、多处分房的现象越来越普遍。因此，中央几次明令停止国家行政、事业单位集资建房。

二是建设和分配由单位自定自管，政府主管部门的行业管理悬空，因此集资建房享受着经济适用房的政策，占用着公共资源，但国家关于经济适用房的户型、标准、分配对象的规定不起作用。计划经济时期福利分房存在的分配不公重新泛滥。

3. 廉租房

廉租房制度是由政府为解决低收入居民中的无房户和特困户的住房困难问题而设定的一项救助制度。从发展实践来看，我国绝大多数县城以上的城镇都已实施了廉租房制度。特别是租金补贴方式以其操作简便、覆盖

面广而全面推开。作为实物配租的廉租房建设近几年在大城市也逐步展开。廉租房制度不像经济适用房那样出现社会性的意见争论,但是在实际操作上也存在不少问题。

一是资金来源不足。作为廉租房建设资金来源渠道的土地收益、住房公积金收益虽然落实较早,但数量有限。作为投资主渠道的各级财政预算安排迟迟"不开口子",直到2007年中央财政安排专项补贴后地方财政才开始配套安排。但是财力匮乏的中小城市连配套资金也难以落实。

二是实物配租房屋的建设和管理都要由政府包办,但是住房制度改革后很多地方政府都把房管机构撤并掉了。现在城市政府的住房主管机构有的是行政机构,有的是政府拨款或自收自支的事业单位,有的是与其他部门合并职能的机构,无法适应重新管理大批公房的需要。

三是廉租房与其他住宅区分开单独建设势必形成国外通称的"贫困集中"现象,不仅物业管理和水、电、气、暖等费用都变成政府的长期财务负担,而且引发的社会问题也是很复杂的。

四是廉租房的保障对象不明确、范围不确定。前几年一般按"双困户"即社会保障"低保户"中的住房困难户掌握,全国大约有近1000万户。2008年国务院"保障性安居工程"安排三年内全国建500多万套廉租房,加上租金补贴,对这一部分特困户基本可以实现"应保尽保"。但是"双困户"的标准只是起步的低标准。有研究报告认为,我国廉租房制度将覆盖城镇人口的15%~20%。如果都按实物配租计算,大约相当于全世界迄今为止所建公共住房的10倍左右。显然这样庞大数量的廉租房全部由政府自建、自管是不切实际的。

4. 经济租赁房

经济租赁房是少数城市为完成特定目标任务而创造的动迁居民安置形式。顾名思义，经济租赁房是享受经济适用房的优惠政策，但不是供出售而只供出租的房屋。有的城市是在前几年房屋拆迁补偿标准低的情况下，为解决所得补偿费不足以购买新住房的问题而专门对低收入居民设置的。有的是为把廉租房保障范围从"双困户"扩大到低保范围以外的住房困难户而设置的，在全国推广的城市并不多。现在准备作为解决所谓"夹心层"住房问题的一种制度安排提了出来，其实施效果还有待观察。但是作为廉租房和经济适用房的混合体，二者存在的问题肯定也会集中反映出来。

5. 限价商品房

限价商品房是部分城市为了应对房价暴涨而采取的应急措施，实质上是介于普通商品房与经济适用房之间的政策性商品房。它与经济适用房的主要区别是土地由划拨改为有限度的招拍挂竞争，进而限制房屋销售价。有的城市用这种形式代替经济适用房，有的城市试图以此解决购买商品房困难而又超过经济适用户供应标准的所谓"夹心层"的住房问题。2006年正式将限价商品房纳入住房供应体系后，当前全国实施的城市仍然很少，实施效果尚难全面评价。但是从早期推出的几个城市来看，并未起到预期的影响房地产价格走势的作用，反而限价房项目本身因区位、性价比等因素而出现了销售、经营困难。作为"政策性商品房"的经济适用房遇到的问题限价商品房都会遇到。而且"限价"和"竞价"互相矛盾的要求如何把握和满足，理论上很难说清楚，实际操作更加困难与复杂。

6. 普通商品房

这是我国房地产业发展的大头，也是提高人民群众居住水平的基础。

从1998~2007年10年间，我国城镇住房施工建设总面积从6.9亿平方米增加到22.6亿平方米。同期城镇人均住房面积从17.8平方米增加到28平方米，全国6亿城镇人口平均每年人均增加1.02平方米，在世界住房建设历史上也属于最快的速度。因此可以说，普通商品房的发展功不可没。商品房十年的高速发展期从政策取向上又可分为两个阶段：1998~2003是推动发展阶段。在大部分城市开发企业少、资金来源少的情况下，政府部门采取宽松的政策和较低的准入门槛，培育市场主体，促进住宅建设和交易。2004~2007年为整顿调控阶段。政策取向转为防止过热、整顿市场、调整结构。提出的调控目标除整顿市场秩序效果明显外，其他诸如控制价格、调整户型结构、控制建设规模、节约土地资源等目标在一些特大城市都距要求有很大差距，所以国家和各级政府连续多次出台措施轮番调控，不断抽紧银根，终于出现近一年多住房市场的全局僵持。如果我国住宅市场的交易量不能迅速恢复，势必造成企业倒闭、工程中断、烂尾楼增加的现象，不仅房地产业本身将遭受重大挫折，而且相关的金融业与关联产业都会受到冲击。

商品房市场出现的各类问题的根源在于投机炒作和"地王"垄断形成的市场供求关系扭曲，推动房价暴涨，而政府部门对其危害性见事晚、治理措施针对性不强，致使屡屡不能见效。作为一般商品，出现适度投机是产业兴旺的表现。但是住房是社会性、民生性极强的特殊商品。在出现市

场投机倒把现象后，不少地方不仅不加以遏制，反而为"炒房团"戴上各种各样的光环而加以追捧，在一些城市酿成前所未有的炒房大潮，房屋的投机需求压倒了真实的消费需求，造成严重的市场调节

失灵。少数开发企业则利用特殊优势垄断建设用地，垄断房价的话语权，有关政府部门对有没有暴利都难下结论，加上调控目标的多重性，造成连年政府调控失灵。市场失灵和政府失灵迭加在一起，商品房市场的紊乱也就可想而知了。

7. 高档商品房

高档商品房特别是别墅浪费土地和环境资源，不符合我国国情。经过近几年的调整，已经遏制了增长势头。但是高档房屋多占的公共资源没有相应进行补偿，这是今后研究房屋保有环节税制时应着重考虑的问题之一。

8. "小产权房"

有的地方"小产权房"又称"乡产权房"。由于这类房屋是违反国家土地管理和房地产管理的有关法律而建造的，因而无法取得合法产权。"小产权房"在房价高的大城市已存在十多年的历史，近年来有加速漫延之势。"小产权房"逃避土地征用、房屋建造、市场交易过程的所有监管和税费。在侵占国家公共利益的基础上，开发商、村集体、村民、住户共同瓜分非法利益。正是眼前利益的暂时均衡才使得这种违法房屋得以存在和发展。但是"小产权房"冲破了国家保护耕地"红线"的最主要关口，实质上从根本上侵害了农民的利益，最终将会失去利益均衡而引发司法和社会矛盾。可能引起矛盾爆发的形式是：过些年农民不再满足于既得的暂时利益，看到城里人"廉价"住在自己的土地上而引发不满，进而产生住户和村民的矛盾。到那时，住户原以为"法不责众"而能长期占有非法房屋的希望落空；城市管理者希望以"小产权房"平抑市场房价、绕开土地指标、缓解住房困难的意图以"饮鸩止渴"而结束。

9. "城中村"农民出租房

农民出租房是"城中村"改造滞后的产物。农民利用已经地处城中、但建房活动仍然停留在自助自建、不受城市规划和管理约束的二元体制造成的管理空白,在庭院、道旁的空地上随意建房,或对平房加层进行私搭乱建,甚至修建高达几层乃至十几层的简易楼,廉价出租给进城务工人员居住。不少大城市的城中村农民的宅基地和庭院全部变成了简易楼、"握手楼"(即两栋楼的位置靠近到居民可以在空中握手),质量、消防安全和人行车行通道全然不顾,留下很大隐患。"城中村"改造不能及时启动的原因往往是土地征用指标不够、城市规划修编不及时或缺乏开发项目带动。城中村的农民出租房是我国城市管理二元体制弊端的一个突出表现。二元结构不仅造成城乡分割,差距拉大,而且形成"一城两制"的怪胎。社会治安混乱、环境卫生和配套设施差、拆迁改造成本增加都将严重影响城市发展。

二、国外公共住房概况

1. 公共住房的起源

各国公共住房制度往往都是在经济社会发展遭受严重挫折、住房矛盾十分突出的情况下被动建立的。

——起源于应对经济危机:美国在20世纪30年代经济大萧条时期,为扩大投资和消费,开始了以联邦政府运作、市场融资为特色的公共住房建设。到80年代联邦政府停止新建公共住房,美国进行了时间最长、规模最大的公共住房建设。

——起源于战后重建:欧洲国家和日本遭受第二次世界大战的破坏后,出现了严重的住房短缺问题。其中德国有70%~80%的房屋遭到战火破坏。欧洲国家普遍实施了以合作建房为特色的公共住房建设,以迅速解决大量居民流离失所的问题。

——起源于自然灾害:香港在1953~1954年连续发生多次大火,造成数十万人无家可归。香港当局紧急启动了徙置计划,以低水平住房保障迅速安置了灾民。

——起源于社会动荡：1959年新加坡宣布自治时，大部分民众处于无房和失业的两大困境，为此由政府投资紧急兴建"组屋"，形成了政府垄断市场的住房建设供应体系。

2. 公共住房政策的类型

——全民型：典型国家为瑞典。由政府直接干预住房建设与分配。全体公民都有权申请公共住房。

——普惠型：典型国家为新加坡，除高收入人群和有私人房产者外，一般民众都可以按照分类规定的条件租用或购买相应标准的"组屋"。现在新加坡84%的居民主要以购买的形式，居住在政府建设的"组屋"。

——特惠型：典型国家为美国。几十年来公共住房一直限于低收入者和特殊群体租用。

——混合型：典型国家为英国。作为建立现代住房制度和住房保障政策最早的国家，英国的公共住房政策摇摆于福利型和市场型之间。二战后经历了二十多年的公共住房建设时期。但是在其之前和之后则政府一般不直接建造房屋，而主要通过政策调节市场解决住房问题。经过20世纪70年代后的私有化运动，英国公共住房的比例大大降低。

不同的住房保障制度决定财政预算开支的数量。全民型和普惠型国家，住房建设资金一般占中央财政预算的10%以上。而特惠型国家一般为2%上下。需要说明的是，选择何种类型的住房保障制度，主要取决于经济、社会、文化等不同国情，并不是公共住房花钱越多越好。美国采取特惠制住房政策，以较少的政府开支获取了世界上人均住房面积最大（人均达60平方米，套型平均达200平方米），居住水平最高的成就。而有些国家，例如日本政府虽然花钱不少，但居民居住水平在发达国家中为最低，还发生了20世纪80年代房地产泡沫，拖累了整个经济发展，至今未能恢复。

公共住房建设和供应又依各国的政策规定而可以分为政府统建低价出租（美国）、政府投资合作建设（欧洲各国）、政府建设低价出售（新加坡）等不同模式。但是经过几十年的演变，都把提高住房自有率（私有化）作为共同的政策取向。

若干国家住房自有率（%）　　表4-1

国家	美国	新加坡	日本	德国	英国	加拿大	瑞典
自有率	70	90	60	48	70	66	42

3. 公共住房资金来源及建设方式

①美国：市场筹资，政府偿还。美国建设公共住房首先要由国会批准预算许可。然后由住房管理局及设在各州的分支机构与州政府共同实施。建设资金来源从市场发行债券解决，住房管理局负责偿还本息，由住户交纳租金用于物业管理和维护运营的费用。美国模式是政府保障和资金市场、建筑市场、租房市场共同结合的模式。

②新加坡：政府建设、个人所有。新加坡建屋发展局垄断了普通住房市场。分配方式最初以出租为主，后来改为按照规定条件由居民购买住房。出租变出售的原因是，建屋计划推出没有几年，当政者即发现公有住房的维护管理远不及私有住房。实施几十年的"居者有其屋"计划一直突出"拥有"。也就是说新加坡的住房虽然由政府投资统一兴建和管理，但分配却不是福利式，而是有偿有条件分配。因此，新加坡模式实质上是政府垄断的市场模式，而不是有些人误认为的政府包办、排斥市场的模式。

③德国:政府投资、合作建房。政府以补贴、贴息、减税、住房储蓄等政策资助社会机构和私人大量建房。德国每年的建房投资平均占GDP的8%左右,高峰时平均每年建50万套住房。政府与企业

共同建造的"社会福利性住宅",租金比市场低⅓至½,售价也比市场低很多。1949~1979年30年间,原西德共建社会福利房780万套。与此同时,政府资助的私人建房比例不断增加,80年代已达60%,近年来完全取代了社会福利房建设。

④日本:直接干预和间接诱导相结合。日本在战后⅓的人口成为无房户。日本政府通过财政拨款和金融筹款,重点扶持公营住宅,同时资助各种住宅机构和社会团体建造出租住宅。在很短时间内大量建造了标准低、面积小的简易住宅。到60年代达到住宅供应和全国住户总数的平衡。从50年代末开始,政府住房政策支持的重点从公营出租住宅转向促进居民购买住宅。为此加强了住宅信贷的引导工作,完善了住宅储蓄制度。80年代后,住宅政策进一步从直接投资向间接投资转变,既保持一定的力度支持公团、公社住宅建设,又大力支持住宅信贷,促使居民自购自建住宅,使住宅的功能和环境得到迅速改善。

⑤香港:政府安置向市场机制转变。从1945年到1961年,香港人口从60万激增到300多万,其间又遭受几场火灾,使住房形势十分严峻。在50年代香港当局大批建造人均使用面积仅为几平方米的安置型住房。将置换出来的土地以很低的价格为公营和私营工业项目提供土地资源,为香港经济发展打下了基础。60~70年代随着经济起飞,开始建造标准有所提高的"低成本住房",一部分以相当于市场15%~20%的租金对劳工提

供。一部分以较低价格向市民出售住房。1987年推出"长远住房发展策略",鼓励市民自己购买住宅,进一步推动住房制度向市场化转变。亚洲金融危机后,房价急剧下跌,房地产市场严重失衡。香港特区政府冻结了土地供应,减缓了公屋出售。2002年住房政策重新定位,政府退出"发展商"的角色,停止各种公屋建设,将干预市场的程度减至最低,只对特困家庭提供租住公屋。

⑥韩国:与快速城市化相适应的大规模住房建设。在亚洲四小龙中,韩国城市化起步晚,但进程快。与其相适应,住房建设的高潮也出现在20世纪80年代以后。1988年是韩国政府大力发展住宅建设的转折点。韩国人口密度为每平方公里473人,是全世界人口密度最大的国家之一。面对住房短缺、建房用地不足、价格高涨和市场投机的多重矛盾,韩国政府制定了《1988~1992年200万套住房建设计划》和《1993~1996年250万套住房建设计划》,其中政府投资建设90万套和127万套小套型公租房,其余鼓励私营机构进行投资建设。同时通过改善住房金融制度,支持中、低收入阶层购买和租用住房。这一时期韩国住房投资达到GDP的5%左右,平均每年建设50万套住房,住房普及率由80年代初的71%,提高到1998年的92.4%。1998年后,韩国进入以完善市场机制为主的住房政策时期。亚洲金融危机后,房地产行业急剧萎缩,大量房地产企业破产,韩国政府希望通过放活市场促进繁荣。一是放松价格和企业准入的管制;二是住房金融更多地向购房者倾斜;三是通过减免税收鼓励购房。但是由于消费观念的改变和住房普及率接近饱和,以及在高房价状况下年轻一代淡化购房置业观念,转而追求购置汽车、休闲旅游,因而房地产业至今尚未恢复到

危机前的水平。

⑦瑞典：依托市场的福利住房。瑞典是著名的高福利国家，住房制度建立在所谓"保护人人享有住房权利"的基础上，政府有责任为全体居民提供"体面的环境优美的住宅"。但是这一目标并不意味着政府出资包办全部住房建设，而只是在房荒严重时期由政府控制的住宅公司大量投资建造公共住房，之后政府建房即转为辅助地位。瑞典居民私人购买和自建的住房占42%，住公房的比例比新加坡低得多。瑞典所谓的福利住房制度实际上是"市场配置住房资源＋政府大量补贴＋宽泛的住房保障政策"，也就是说，住房市场作为主体的地位与其他市场经济国家没有实质上的区别，只是把保障线定得较高而已。具体办法是政府以金融、补贴、税收优惠等措施，对房产业主和购房居民双方都提供资助，消除中低收入居民的购房障碍。据资料表明，占家庭总数50%的中低收入者实际获得了住房补贴总量的85%。瑞典高福利的住房模式使政府的财政负担沉重到难以为继的程度，不得不向更加市场化的模式转变。

4. 公共住房存在的普遍问题

①建设资金筹集落实困难。公共住房是各国财政的沉重负担，不少项目和计划因资金问题受到影响。美国的公共住房制度是市场筹资、政府还本付息，按理说分年度政府财政负担较轻，但是，筹资问题仍然是公共住房建设计划能否完成的决定性因素。美国在1949年住房法案中曾经制定过6年建造公共住房81万套的计划，但后来实际仅完成25%。瑞典作为住房人人平等的高福利国家，住房建设受到全面的支持，曾经制定10年内建设百万套的计划，试图把剩余下来的住房短缺问题一举解决，但是也是因资金不足而并未能全部完成。亚洲四小龙是在经济发展"起飞"的情况下开始大规模住房建设的，落实公共住房建设资金相对容易，但因初期建设标准很低，后来的改造完善工程增加了重复投资。

②引发贫困集中。公共住房或租或售，都会导致低收入人群集中居

住，从而引发一系列经济社会问题。主要有：服务设施配套不全；人居环境较差；社区服务业发展困难；就业率低；教育资源不足；青少年心理健康受到影响；社会治安状况差，犯罪率高等等。

③维护运营困难。一方面公共住房一般比较简陋，建筑标准低，因而使用后维护费用高。另一方面作为低收入居民的住户交纳房租、物业管理费用困难。因而公共住房管理不善、运营费用不足几乎是通病。

④入住率低，浪费资源。低收入居民不愿意入住公共住房的原因一般有：

一是区位原因。有些国家进入"逆城市化"后，在衰落的市中心兴建公共住宅，与居民对环境的追求形成落差。有些国家的公共住宅建在规划发展的新镇，配套服务一般较差。

二是安全原因，一些公共住宅区因治安恶化、犯罪率高，对一般公众造成不安全感。

三是文化背景的原因。有些面对少数族裔的公共住宅脱离了特殊的传统习惯。例如欧洲一些国家为吉普赛人修建的公共住宅位于市中心，与吉普赛人习惯于流动的要求不相符，因而造成大量空置。

⑤公共住房与住房市场关系复杂，规范困难。

一是分配难以规范。各国都从收入高低、有无房产、公民权、信誉等方面规定了公共住房租、购标准，超过标准即应在市场上自行购房或租房。但是信息的收集、审核都要以诚信系统为基础，需要开展大量工作，机构建设和专业水平都难以保证。

二是超过标准的住户退出公共住房，不仅依赖信息的征集、审核，而且还与住户的主观意愿和道德诚信有直接关系。退出机制的建立是十分困难的。

三是建设和管理。公共住房与市场隔离开来由政府自建自管带来很多弊端。高成本、低效率是世界上政府项目的通病，引进市场机制就成为共同的选择。有的国家选择政府建设、社会化管理的模式，有的国家则由政府提供补贴性投资后，从建设到管理都依靠社会力量进行。

四是从租转售执行困难。有些国家规定租住公共住房满一定年限、收入达到一定水平后住户应该购买原住房，但是执行起来与建立进入退出机制一样复杂。

⑥管理机构涣散。美国在分析公共住房的问题时，把主要原因归结于"来自公共住房管理局和政府官员的选择、实践和态度。虽然很多公共住房管理局拥有专业的、富有竞争力的管理者，但是也有很多机构长期管理不善，有些甚至还出现了腐败现象。"

阅读材料：公共住房的另一面

按：近几年我国在建立完善住房保障制度的过程中，介绍国外公共住房成功作法和经验的材料比较多。但是对其另一面——存在的问题和困难很少有系统的介绍。中信出版社出版的《美国住房政策》一书对公共住房的描述比较全面、客观，现摘录部分内容拼成一篇短文附录在这里。

公共住房是美国最广为人知的低收入住房资助项目。作为最老、也是迄今为止最大的住房补助项目，公共住房在大众中留下了很多形象，其中绝大多数是负面的。例如：极度贫困的住户、丑陋的建筑、无人管理的公共场地、高犯罪率等等。公共住房通常很容易辨认。不管是高层还是低层，密度通常较高，常与周围的景观隔离，几乎没有装饰和配套的便利设施。住房的质量常常比其他出租房差很多。公共住房糟糕的设计成为它不可磨灭的印记。建筑师被迫取消了有生机的商店（为了不与周边房地产竞争），运用最低的常用设施（微弱的街灯、过热的地下室、首层地面柱子密布），以及不加规划的公共绿地。公共住房建设的省钱措施后来被证明是极度短见的，粗糙的建设常常使得其维护和修缮费用异常高。议会对公共住房开发施加特别严格的预算约束确实对项目的设计和施工带来了麻烦。公共住房管理局和建筑师倾向于现代主义高层结构的观点，对于公共住房所服务的人群说是不合适的。长长的走廊过道、内部庭院及其他无名的公共空间使得居民难以产生主人感。在过道、门厅、电梯和楼梯间走动时很不安全。它们被乱涂乱写，堆满了垃圾和废弃物。妇女上街和送孩子上学时只能结伴而行。科特勒维兹在其著作《这里没有儿童》中对公共住房管理的失败做了尖刻的描述：他们的公寓已经很多年没有被粉刷过了，已有30年时间的厨房金属柜子已经通体生锈，坐便器里冒出极其难闻、腐臭的气味。

运营费用的增长最终超过了租户收入的增长。住户常常要为房租花费其收入的40%。很多住房管理机构停止了基本的修缮和维护。数十年来，公共住房未满足的资金需求缺口达数十亿元之多。虽然议会每年拨款大约30亿美元用于更新，但是住房管理局很难在项目需要时进行大规模的维修。

国家严重衰落住房委员会于1989年由议会成立。它预测全国6%的公共住房，即8.6万个单元处于严重衰落状况。该委员会对衰落的定义包含以下4个方面：

- 家庭处境糟糕（教育程度低、中学辍学率高、失业率高、户收入低）
- 公共住房工程中及周边社区严重犯罪率高
- 管理难度大（空置率高、转手率高、房租低、被申请者拒绝率高）
- 住房坚固状况下降

从20年世纪90年代起，曾经为上千个公共住房工程进行了改造。衰落的公共住房被小规模的、通常是收入融合的住房所代替。如果以二战后的标准来看，这些住房的设计标准会被批评为极度奢侈。通过改变租户标准和设置更严格的驱逐政策，联邦政府试图减少公共住房中严重的贫困集中现象。根据国家严重衰落住房委员会的建议，议会于1993年启动了希望六号计划，目的是摧毁并重建衰落的公共住房。希望六号计划每年的可用资金为3亿~5亿美元。根据大型公共住房管理委员会以每年25亿美元的拨款水平计算的话，把现有公共住房修缮到标准水平需58年，当年拨款额上升为35亿美元时需16年，拨款为45亿美元时为10年。（注：标题是本书作者加的）

5. 公共住房的共同走向——市场化

随着低收入居民的住房严重短缺问题逐步得到解决,各国的住房政策也把重点转向通过发展住房市场以持续改善全民的人居环境条件,公共住房建设市场化就成为必然趋势。

①中止建设:中止公共住房建设一般基于两个原因,一是住房与居民户已经平衡。例如韩国在经过10年大规模建设后,在住房普及率很高的情况下停止了公共住房建设。欧洲一些发达国家在住房数量基本满足后也不再推进公共住房建设。二是因为公共住房经营管理困难。有研究报告认为,美国现在还有无家可归者85万人,并随着经济波动而增加或减少。按理说公共住房还不满足。但是现实情况是有不少公共住房小区没有多少人愿意入住。特别是一些人口减少的城市,疏于管理的公共住房存在的问题更是十分严重。有些公共住宅区成为犯罪分子的栖息地。因此,20世纪70年代后,美国有不少公共住房被拆除改造,80年代后中止了公共住房建设。

②更新改造:大部分国家对早期建设的低标准、低质量、低利用率的公共住房要进行改造。香港早期建设的徒置大厦有的被拆除新建,有的改为博物馆等公共建筑。美国从20世纪90年代起,执行专门改造公共住房的"希望6号项目",把原来针对低收入住户的目标调整为"收入融合",即不同收入阶层混合居住。改建后的项目大约有一半左右为普通商品房。

希望6号项目的资金来源改为政府和民间多渠道筹集,管理也采用了私人住房项目的模式,成为美国公共住房市场化的主要途径。

③私有化:香港和新加坡在公屋建设计划启动不久,即将原来的只租不售改为可租可售,以后逐步改为以售为主,推动公共住房的市场化经营管理。欧洲国家从20世纪后期开始,在私有化浪潮中加大了公房出售的力度。德国规定住满5年、收入达到规定标准的租房户,要购买原住房,并可享受政府提供优惠条件的贷款和住房储蓄资金。英国70年代后经过私有化,将公房由30%以上降到10%左右。

④政策替换:目前,很多国家由政府建设公共住房的政策已被发放住房补贴的政策取代。美国1974年的住房法第8条款设立了第一个租房券项目。目前已超过公共住房而成为美国的最大住房保障项目。(租房券受益居民180万户,公共住房受益居民123万户,超过46.3%)同时租房券项目又是最不引人注意的政府资助项目,原因在于它不与任何房屋建设与管理发生冲突关系,避免了政府自己建房、管房所固有的牵涉面广、效率低下等弊端。因此,租房券项目不像公共住房那样经常遭受批评,并且满足了住户自由选择居住地的要求。即使是政府建房规模比较大的亚洲四小龙,在公共住房计划的后期,也都推出了促进市场化的住房政策。

三、走以政府为主导、市场为基础的住宅业发展道路

所谓政府为主导,主要体现在两个方面:一是对低收入群体住房负保障之责;二是对住房市场进行规范和调控,使广大群众能够买得起或租得起符合标准的住房。所谓以市场为基础,不仅商品房靠市场引导投资和消费,而且保障性住房也要依托市场,实行市场化运作。

1. 辨析政策取向

①不走回头路。计划经济体制下福利型住房制度是条死胡同,这是人们的共识。改善全国人民的住房条件要靠以住宅为重点的房地产业的发

展,这也是人们的共识。但是对众说纷纭的住房保障,有些言论和作法事实上在试图走回头路——政府重新建设和管理大量的公房(包括具有全部产权的廉租房和具有控制权的经济适用房)。如果现在回到政府统管包办的老路上去,无论是经济方面的高浪费、高成本、低效率,还是社会方面供求双方利益矛盾都要牵涉政府,以及管理者贪污腐败行为的易发性,都是计划经济体制时期无法可比的。

②不走弯路。第一条弯路就是先建简易房屋,再拆除改造成标准房屋。不少国家的公共住房是在经济社会出现重大挫折、房荒严重的情况下,为应急需要建造了大量的简易住宅或低标准住宅,后来不得不进行大规模改造翻新,造成严重浪费。而我国是在经济社会稳步发展的良好环境下,在基本没有房荒的基础上建立完善住房保障制度,新建的住房都应按百年大计来要求。即使是廉租房,其安全性、功能性、耐用性也要能满足居民的基本需要。再一条弯路就是先搞"砖头补贴",再转变成"人头补贴"。不少国家都走过从"补砖头"到"补人头"的转变历程。我国既然是"后发",就应有少交学费的"优势",就可以拿来别人的经验教训为我所用而走捷径,不要再跟着走一遍弯路。

③不搞双轨制。我国改革开放初期在计划经济向商品经济过度时曾采取过产品的价格双轨制,引发了严重的"官倒"风、涨价风等经济紊乱和社会矛盾。如果说产品价格双轨制阶段是必须付出的改革成本的话,那么在改革开放已经成功进展了30多年后的今天,完全没有必要再付一次住房双轨制的经济和社会成本。应当看到,我国1994年住房制度改革所设计的住房供应体系,就是"社会保障性质的经济适用房供应体系"和"商品房供应体系"的双轨制。但是实际上这两个体系并没有形成分轨运行的内在机制,强行分离则矛盾重重。从世界各国的经验来看,除新加坡政府垄断市场的特例之外,都不搞或不再搞双轨制。

④不搞复杂化:我国住房供应体系按制度规定应分廉租房、经济适用房、商品房三个层次。但是住宅业刚刚发展没有几年,政策上就分出来一

个"普通商品房"。经济适用房还尚未面向社会铺开,社会上就出现了经济适用房与普通商品房供应存在"夹心层"的议论,于是又从商品房辟出了一个"限价商品房"。廉租房在全国大中城市刚刚开始投资建设,马上又出现了廉租房供应和经济适用房之间有"夹心层"的议论,又从经济适用房辟出了一个"经济租用房"。现在城镇住房供应类型已多达9个。如果这些住房品种是市场自然形成的,那么由消费者各取所需也就可以避免互相干扰了。问题是各类住房都是按行政指令划分的,都含有不同份额的属于全民大众的公共资源,都要面对特定的消费群众专门供应。在我国这样一个供应和需求都十分庞大的大国,怎么能使每一类住房的特定供应和特定需求一一对得上号?再加上现实中已经存在大量违法违规建房,恐怕再强势的政府也难以把如此种类繁多、供需都很庞杂的住房市场理得清、管得好。美国在历史上共建了140万套公共住房,联邦政府和地方政府设立了大大小小3206个住房管理局,专管公共住房,结果还是乱象丛生、难以为继,最终不得不借助市场的力量进行改造和管理。各国类似的经验教训值得我们重视。按照房地产经济学的"过滤"理论,任何针对特定目标人群的住房政策,执行结果都有向上过滤或向下过滤的机制。对"夹心层"制定专门政策,在理论上缺乏说服力,在实践中无法操作,不但无助于解决住房问题,而且会使问题更加复杂化。

2. 廉租房——政府保障与市场机制"嵌入式"结合

由政府直接承担投资实行的廉租房制度,能不能与市场机制结合?从国内外的实践来看,既是可能的,也是必需的。应当鼓励各地采取多种形式将廉租房"嵌入"住房大市场中,防止形成政府自建自管与市场隔离的局面。具体形式可以选择:

①政府出资、委托建设和管理。即廉租房分散插建在普通住宅区,或者套建在普通居民楼,建设与管理按法规与合同由开发商负责,分配则由政府有关部门负责。美国希望6号计划对公共住房的更新改造,新加坡21

世纪新镇住宅区都采取了保障性和商品性两类住房的嵌入式结合，可以说是兼顾效率与公平的较好做法，值得研究借鉴。

②国家立法，政府优惠，开发商按比例配建。配建廉租房的比例作为土地招标、拍卖、挂牌出让的条件，所有的开发项目都在同样的廉租房比例上平等竞争。廉租房的建设资金不再另行投资。这种办法不仅建设与管理纳入统一市场，而且投资也与市场结合起来，政府可以用较少的投资满足更大群体的住房需求。

③政府补贴，市场供房。这种形式也就是现在各国都在通行的"补人头"措施。对低收入住房困难户发放补贴到市场上自由选择住房，不仅把廉租房"嵌入"新建商品房，而且"嵌入"二手房市场，政府和住户都达到了低成本、高回报。美国等一些国家的住房补贴不仅发给租房者，有些项目还发给自有住房的低收入者。如果我国的廉租补贴能放宽到低收入居民而不考虑租不租房，对促进购房消费也能起到积极的作用，并且有助于防止"越补越贫"的现象发生。

3. 经济适用房——政府职能与市场机制"胶体式"结合

这里的关键是要把政府以政策优惠形式资助的一部分补助资金由供方（建房）补贴改为需方（购房）补贴，也就是从政府资源经过开发商之手对低收入者的"暗补"转变为直接对低收入居民购房的"明补"，由政府与开发商的"价格角力"改为货币化直补后的市场供房合力。山东省日照市在全国最早实行了经济适用房的货币化补贴。从2003~2008年，发放经济适用房补贴4311户，平均每户补贴5万多元，按原定标准市政府已宣布经济适用房实现了"应补尽补"。

从日照市的成功经验可以看到经济适用房"暗补"改"明补"的几个突出优点：一是形成了统一的房地产市场。日照市"用地市场化、补贴货币化、购房自主化、运作透明化"运行体制的建立，使政府保障职能的发挥不仅省去了很多环节，而且在阳光下公开运行，节约了成本，提高了效率，防止了不正之风和腐败行为。开发企业在旺盛的需求和稳定的政策环境下公平竞争，购房者根据自身需要自由选购住房，供需双方各得其所、和谐发展。

二是活跃了二手房市场。据统计有80%以上的补贴户购买了二手房。出售二手房的居民自然又去购买改善性新房。这样不仅减轻了低收入居民的住房开支负担，而且政府的一笔补贴活跃了两级市场，既具有人居意义，又具有经济意义。

三是加快实现保障全覆盖的进度。日照市是从低标准起步落实经济适用房政策的。既然这种运作方式对最困难群体都可行，那么对经济条件更宽裕的一般中低收入群体就更容易扩大执行。这与有些城市因资金困难而至今未落实经济适用房制度，有些城市面向社会供房造成混乱后又回到面向特定项目小范围供房的被动局面形成了鲜明对照。近几年还有一些城市开展了经济适用房货币化直补，也都取得了住房保障和活跃市场一举两得的明显成效。现在需要做的工作就是在全国范围内形成统一的政策，把这项至关重要的改革措施落实到位，在完善体制和机制上形成合力。

4. 商品房——政府主导和市场机制"分层式"结合

所谓"分层式"结合，就是政府职能的主导作用要在几个层次上采取恰当而有效的形式加以发挥。首先在宏观层面要由政府掌握主动权，防止垄断性企业和特殊利益集团对住房制度和政策的干扰。

第二，在市场主体层面，政府职能主要是培育、规范各类主体，使供需双方主体都保持充分的自由度和旺盛的活力，使其他服务主体能积极有效地进入市场。政府不能以行政手段损害各方主体的合法权益。

第三，在市场交易层面，政府要运用法律、行政手段维护市场秩序公平、有效，保护合法竞争。根据近几年住房市场的发展实践来看，政府职能和市场机制常常在以下几个问题上互相干扰和出现错位。

①调控目标的多重交叉。平抑房价、控制规模、调整结构、节约用地、节能环保、企业重组等调控目标几乎是同时出台，有些目标实行起来本身就是矛盾的，造成市场无所适从，政府职能和市场机制处于无结果的角力之中。

②行政指令取代经济手段。突出表现在对房价的控制上。对抬高房价的主因投机炒房和垄断暴利迟迟不出台治本措施，而是频繁下达行政指令，群众称为"空调"。而属于"治本"性质的二套房贷款限制措施虽出台晚了几年，执行也缺乏硬性要求，但还是见到了部分实效。其他几项如住房实名制、房产保有税、赠与税、治理垄断暴利等可以长期治本的措施何时能出台，目前仍遥遥无期。

③对节约土地的要求简单化、绝对化。我国虽然人多地少，但是与人口更稠密的国家相比，不至于土地资源紧缺到无法满足住房用地的程度。现行规定的主打住房套型建筑面积是90平方米以下，其功能性、舒适性、耐用性都无法满足经济快速发展后改善人居条件的要求，将其作为全国统一的行政指令既浪费行政资源，又浪费经济资源，由此还增加了短命建筑，加大了社会经济发展的成本。

④忽视中小开发企业对我国房地产业持续稳定发展的重要作用。市场竞争的不利地位和行政准入的门槛提高，使大批中小开发企业退出市场，加强了少数企业的垄断地位，囤地、囤房，与政府叫板，与消费者打"高价保护战"成了现在大城市住房市场的常见现象。

⑤调控政策往往偏离对住房市场总体供求关系的把握。只有扭转以偏概全、就事论事、头痛医头、脚痛医脚的作法，才能回到真实的供求平衡的大市场来，有效地解决各类矛盾和问题，使住房市场的发展既符合政府解决大众住房问题的调控要求，又保持旺盛的市场化动力而持续健康发展。

第五章 住房金融
——锁定中层 兼顾上下

- 成功的住房金融制度不在于有没有独立的住房金融体系,而在于中层收入群体住房抵押贷款的易得性和完善的风险防范机制。我国现行由商业银行履行住房金融服务职能辅之以住房公积金的制度安排,既具有雄厚的资金基础,又具有强大的防范风险能力,是符合中国国情的住房金融制度。

- 我国住房消费的现行金融政策设置了过高的门槛,只有高收入者才能直接获得住房信贷支持。应该通过法规和政策的调整,确保一般居民在购买自住性住房时比较容易地获得金融支持。

- 美国的次级抵押贷款与我国的住房抵押贷款从内容到形式都有本质的区别。美国的次级抵押贷款是以超低的门槛向低收入者兜售贷款,具有极高的欺诈性和金融风险。而我国目前实行的住房抵押贷款是以过高的门槛引导资金流向高收入群体,对风险过于高估反而导致出现了房贷萎缩、延缓发展的现象。

- 过分高估我国中等收入家庭个人住房消费贷款的风险是没有根据的。过分谨慎和消极的态度导致只向表面"安全"的投机炒房者放贷,既不利于住宅业和国民经济的发展,也不利于金融业的发展及风险防范。

- 房地产市场的低迷使经济适用房的供给和消费都面临困境。通过发行国家和地方债券转换成购房券支持购房消费，是落实住房保障政策的现实选择，也是搞活银行储蓄和住房公积金存款、扩大内需、拉动经济增长的有效举措。如果设计合理，发行1000亿元住房债券可以形成1万亿元的住房消费，满足200多万户中低收入家庭的购房需求。

- 与普通金融择优放贷不同，住房信贷应锁定中层收入家庭，兼顾高低两头，为住房公平的目标服务。是否面向普通大众是住房金融和普通金融的最大区别。中层收入家庭能够比较容易地获得住房贷款的支持，也是防止投机性贷款的基础和标志，对防范金融风险的作用是至关重要的。对此应有明确的法律规定，防止住房金融信贷变为单纯的经济调控工具和投机炒房的资金渠道。

一、我国住房金融概况

1. 简要发展过程

在计划经济时期，我国不存在住房金融。改革开放后，在住房体制的改革试点和探索过程中，住房金融在1979~1998年经历了长达近20年的松绑、试点、总结、试行、决策推广的过程。到1998年4月，为配合国务院出台的住房货币化改革，中国人民银行发布《关于加大住房信贷投入、支持住房建设与消费的通知》，标志着我国的住房金融制度正式建立。这一年，中国建设银行发放了我国的第一笔个人住房抵押贷款，拉开了住房消费贷款的序幕，金融工具的强大动力推动房地产业很快进入发展高潮。

2. 住房信贷总量增加，增速趋缓

我国1999年金融机构贷款余额为9.37万亿，其中房地产开发贷款占2.51%，个人住房贷款占1.45%。2006年全部金融贷款余额达到23.4万

亿,其中房地产开发贷款的比例提高到5.90%,个人住房贷款提高到9.32%,房地产投资和个人住房消费贷款占到全部金融贷款余额的15.22%。但是分年度来看,住房贷款的增长速度总体上呈前高后低的状态,表明抽紧银根的作用是十分明显的。2007年,住房抵押贷款达到3万亿元的高峰,但2008年好多金融机构已基本停止了住房贷款业务。

我国住房投资和消费贷款统计表(亿元、%)　　　表5-1

年　份	房地产开发贷款余额	同比增长	个人住房贷款	同比增长
1998	2029		426	
1999	2350	15.84	1358	218.59
2000	2628	11.82	3377	148.72
2001	3493	32.96	5598	65.77
2002	4464	27.78	8269	47.71
2003	6657	49.10	11779	42.46
2004	7811	17.32	16000	35.83
2005	11033	41.27	18400	15.00
2006	13800	28.85	21800	18.49

3. 住房公积金的创立与发展

根据国务院1999年颁发的《住房公积金管理条例》规定,住房公积金是机关、团体、企事业单位在职职工缴存的"长期住房储金",由个人和单位共同缴存,属于职工个人所有。建

设、财政行政主管部门和人民银行共同负责管理。

2008年末全国缴存住房公积金的职工达7745万人,覆盖率达到69.3%;缴存余额达到1.2万亿元;累计为960万户职工发放个人住房贷

款 1.06 万亿元；发放个人住房贷款 131 万笔，相当于全部住房贷款的¼。住房公积金制度设立 10 多年来，对我国住房制度改革和住宅业的发展起到具有历史意义的重大作用。但是目前也有些问题制约其履行住房金融的宗旨。特别是缴存面不平衡，发达地区、特大城市、国家单位的职工覆盖率高，而中小城市、欠发达地区、中小企业覆盖率低，受益面也就小。有的地方住房公积金只是国家公职人员和国有企业职工提高个人待遇的"俱乐部"。此外资金运用率低，仅为 53.54%，大量资金闲置，亟待寻找合理合法的利用途径。

4. 个人住房贷款流向高收入群体

有研究报告从房价收入比和现行个人住房贷款的首付、利率等数据测算，现在我国的商品房市场实际消费群体是占城镇人口少数的高收入家庭。而中等收入的消费者很难取得贷款而进入住房市场。从生活中观察到的情况来看，除投机性购房外，自住性购房的人一般都是高收入者。即使本人收入不算高，也要在亲友长辈资助下变成"转移性高收入者"，才有可能贷款买房。现实观察支持以上的研究判断。

发达国家为中低收入者购房提供资金，通常要设立专门的住房金融机构。我国在设计住房金融制度时，利用了现成的商业银行体系，其好处是有充足的资金供应来源，便于实行监管，有效地防范风险。但是执行结果是，虽然信贷量增长很快，投向却没有顾及普通居民住房需求这一重点。中等收入的家庭很难得到贷款支持。产生这种情况既有房价收入比高的原因（这在后文谈到），也有金融政策取向的原因。

第一，住房贷款的发放完全依附于宏观经济和金融形势。放不放，放多少，主要取决于金融政策宽松还是紧缩的需要。这与国外专门的住房金融只考虑住房需求形成了对照。

第二，个人住房贷款的门槛过高过多。总量、规模、进度指标、年限、首付、月付、保险等等都形成了排斥中等收入群体的关口，促使住房信贷投放向高收入群体漂移。

第三,我国房地产税制缺失保有环节的不动产税,致使住房保有成本低。不仅在热点城市存在着大规模炒房投机,就是在一般城市,一户持有两、三套房甚至多套住房的现象也越来越多。有限的房源和抵押贷款都越来越成为远离普通群众的"稀缺资源"。据测算我国有30%~50%的新建住房被两套以上群体所购买,而在富甲全球的美国,拥有2套住宅的人仅占5%。

5. 个人住房贷款的风险被过分高估

对中层收入普通居民家庭住房贷款的高门槛主要来自对风险的估计过高。近10年来个人住房贷款占金融机构总的贷款余额的比例从不足1%增加到10%左右。对这样一支份额越来越大的信贷种类提高风险意识是完全必要的。但是与发达国家相比,我国的住房抵押贷款占全部贷款余额和国内生产总值的比例都是很低的,仅及欧美国家的1/3至1/5。只要依规操作,没有必要对住房抵押贷款的快速增长产生疑虑。

对个人住房贷款风险高估主要来自几个方面的担忧:一是对住房抵押贷款所具有的分散性、长周期性与风险的关系把握不准,对我国经济和住宅业长期稳定发展前景所决定的住房抵押贷款的安全性认识不足。往往先入为主地认为不如向其他行业投放大额短周期贷款托底。事实上,我国10年来所投放的住房抵押贷款几乎全部是优质银行资产,不良率很低,这是任何其他信贷种类所无法可比的。

二是对我国住房贷款的超常增长人为地制造担忧。我国近十年住宅业的高速发展是长期积累起来的住房消费需求的合理释放,是伴随着经济稳定增长的良性发展。各国在解决住房突出问题的特定时期,都出现过连续一、二十年甚至几十年的住宅经济高速发展,有些国家出现的大起大落或泡沫经济是在特定条件下产生的少数现象。

三是将20世纪90年代海南省等地房地产泡沫造成金融损失的教训简

单地套用到中国当代的住宅业上。实际上两者之间经济背景、供求市场和金融操作方法都是截然不同的。就以贷款发放来说，当年海南省等地是在尚无规章制度的条件下，淘金式地乱贷乱放，现在则是规章齐全、监管严密、"循规蹈矩"式地放贷，系统性的金融风险不可能产生。

四是混淆了美国次级抵押贷款与我国正常抵押贷款的根本区别，看到美国次贷出现了危机，马上想到我们的住房贷款会不会也出现危机。事实上，从贷款性质、主体、程序、监管等各方面来看，两者都是完全不同的，好多方面具有相反的特征。就从针对贷款群体来说，我国的现行住房抵押贷款是针对高收入的人群，设置了过高的门槛。而美国次级贷款面向的是极低收入群体，基本没有制约性的门槛。

中美住房抵押贷款差异比较　　　　　表5-2

	我国现行抵押贷款	美国正常抵押贷款	美国次级抵押贷款
贷款机构	商业银行、住房公积金	住房贷款银行	不限制
实际目标人群	高收入	普遍	低收入
政府作用	主导	担保	无
监管	政府	政府、议会	无
首付和利率	正常	正常	低首付、高利率
不良贷款比率	极低	低	极高

二、有关国家住房金融简介

1. 日本：政策性金融与民间金融相结合

第二次世界大战后，日本经济恢复和解决房荒之间争夺资金的矛盾相当突出。日本政府采取了设立公营金融机构带动民营投资的办法来解决房地产融资和建设问题。主要形式有三种：面向全国融资的住宅金融公库、面向地方的公营住宅建设与融资、面向大城市中等收入群体的住宅公团建设与融资。住宅金融公库设立于1950年，是政府出资的政策性金融机构。

资金来源为政府财政借款和已回收的贷款。贷款对象包括四类：建造和购置私有住宅；建造出租屋的公社和个人；公社和民间开发商；从事旧城改造的企业。从贷款审查标准来看，主要目标客户群为中等收入阶层。90年代后对老年人和普通人购买首套住宅实行利率优惠，目标人群向低收入方向漂移。住宅金融公库成立以来，共为1900万个家庭提供了住房贷款。近年来维持在每年50万套左右。在日本经济不景气时期，金融公库维持的住宅建设对稳定经济发挥了重要作用。

公营住宅是由地方政府负责、金融公库和民营机构提供融资建造的廉租屋，中央政府提供建造补贴或租金补贴。主要目标为低收入（平均收入水平的25%）阶层，特别是大量涌入城市的农村人口。到2000年底，共计建造了217万套住宅，为缓解低收入人群的住房难问题发挥了巨大作用。

日本住宅公团设立于1955年，是政府全额出资的特殊法人，其中日本中央政府出资¾，大都市政府出资¼。到2000年共建设住宅150万套，其中出租住宅53%、商品住宅21%，出让给土地所有者经营出租业务的26%。公团住宅主要面向中等收入群体，对承租或购房的收入既有上限也有下限。由于价格随行就市，使公团住宅素有价格高、距离远、面积狭小的坏名声。住宅公团项目的资金主要来自金融公库融资和国家财政补贴，以及保险、信托等民间金融机构的贷款。近年来日本对特殊法人进行改造和重组，住宅公团已融入行政独立法人"都市再生机构"之中。

日本大银行一般不介入住房贷款。住宅领域的私营金融机构主要有日本信托银行、长期信用银行、商业银行、互

助储蓄银行等,这些私营金融机构与政府公营住房金融机构共同支撑了日本住房的建设与消费。

日本的大银行属于大藏省主导的财经系统,而日本住宅金融公库则属于农林省系统,政府保护作用较强。在正常的情况下,大银行体系与房地产业没有直接关系,但是在80年代泡沫经济时期,各类银行的资金大量流入房地产业,使日本大城市的地价在5年内升高了3~4倍,全日本平均上升1倍多。日本土地资产总额1990年比1985年增长了2.4倍,相当于同期日本GDP的3.6倍。日本的房地产泡沫是由股市泡沫带动的,房地产泡沫形成后又对股市泡沫起到推波助澜的作用。日本政府在泡沫经济的初期也对商业银行的资金非正常流入房地产进行过限制,但无论政策银行还是商业银行,都与政府有着根深蒂固的密切关系,所以限制资金流入的障碍形同虚设,泡沫经济狂热越来越猛烈,直至日本经济全线崩溃。特别是房地产泡沫的破裂使日本金融业蒙受了极大的损失。

2. 美国:政府主导的市场化融资体系

①锁定中层服务对象。美国住房政策基于对高、中、低收入群体采取不同的资金渠道:对高收入者采取自行解决住房的政策;对中等收入者购房由政府给予贷款担保和贴息优惠;对低收入者提供公共住房和租房券补贴。高、中、低收入线由各城市每年公布,一般比例为20:62:18。美国住房金融制度建立后70多年来,服务目标一直是使庞大的中等收入阶层拥有自己的住房。近10多年来,随着号称"让穷人也能圆美国住房梦"的次级抵押贷款的出现,住房金融的服务对象向极低收入人群漂移,但以"次贷危机"而告终。

②为应对经济萧条而建立。在美国住房信贷体系建立以前,市场上的私营住房贷款利率高、年限短、供应量小。住房借贷的困难导致只有富人才能买得起房子,房源被富有阶层垄断。大部分居民必须租住富人的房屋,因此,住房成了富人谋利的工具。20世纪30年代大萧条时期,失业

而导致的无家可归者增多,成为美国经济社会的严重问题。联邦政府不得不介入住房金融市场,于 1931 年成立了住房贷款银行委员会系统,1933 年成立了有房户借贷公司。采取的措施主要是发行长期联邦债券购买市场上违约的住房抵押贷款,延长贷款期,减轻月付压力。两年内以 30 亿美元收购了 1/10 的住房抵押贷款,向 40% 的用户提供了资助。

③保险制度使抵押贷款降低了门槛。

美国于 1934 年成立联邦住房管理局,对合格的抵押贷款提供保险,促使贷款期限延长到 25~30 年,首付要求降低到 7%,利率降低了 2~3 个百分点。这些优惠条件使美国有固定收入的普通公民都可能获得贷款支持购买住房。1937~1941 年,住宅新开工量以平均每年 86% 的速度增长。住房自有率 20 年内提高了 18 个百分点(1940 年为 44%,1960 年为 62%)。

美国于 1938 年成立了房利美,专门收购经过联邦住房管理局保险的住房抵押贷款,以便释放住房贷款机构的能力,筹集更多的资金用于新的贷款业务。房利美虽然是私有性质的公司,但是它受联邦政府的特殊支持,并有权发行债券。在抵押贷款证券化和二级市场出现后,房利美和后来成立的房地美成了左右美国住房贷款的重要角色。

④储蓄信贷——固定利率的失败

美国在 30 年末期成立了储蓄贷款协会和共同储蓄银行,专门对开户储蓄的居民提供为期 30 年固定利率的住房贷款。联邦政府对所有的贷款进行保险。在 30 多年的时间里,这两大机构是住房贷款的最大来源。但是 70 年代后出现的通货膨胀,使固定利率的贷款蒙受了巨大损失,最终在 80 年代末期联邦政府被迫支付 1570 亿美元来收拾残局。随后,美国政府不得不放弃房贷的固定利率政策,推出了以依托二级房贷市场为特征的现代住房信贷。

⑤证券化——住房信贷的新时代

20 世纪 80 年代后,二级房贷市场开始异常活跃。从事收购抵押贷款的机构将单个房贷结合起来，形成多种金融证券在市场上出售。从此，令全世界的投资者都可以像购买股票或公司与政府债券一样购买房贷债券。原先与其他金融界隔离的住房信贷系统现在完全融入世界金融市场。这一突变使美国住房市场获得了取之不尽的资金。从20世纪90年代开始，虽然政府支持的企业房利美和房地美仍然统领着整个房贷市场，但是私人发行的房贷证券出现了异常增长的态势，2003年达债券总额的9.8%，最高时达到20%。正是这一部分看起来份额并不大的劣质抵押贷款，引发了次贷危机、金融危机和全球经济危机。

⑥次级抵押贷款为什么能够存在和发展

房利美和房地美作为政府支持和监管的住房信贷巨头，一直坚持贷款标准和正常规则。但是到上世纪末，一种全新的业务——次级抵押贷款开始风行。这种贷款以超低的门槛吸引收入不稳定或根本没有收入的群体参与购买住房。所谓超低的门槛包括极低的首付款（或者零首付）、初期几年极低的月供、收入证明可有可无等等。购房者、贷款方、证券经销商的风险全都寄希望于不断上涨的房价和证券衍生产品的流通。20世纪初，次级贷款在美国迅速膨胀。这主要取决于三个因素：

一是金融投机的刺激。民间机构发放的次级贷款不经联邦住房管理局和房利美、房地美的保险和认证，以"自营证券"的形式直接进入金融投机市场。华尔街的金融投机家们在房贷证券衍生流通的过程中大发横财，反过来要求投机性放贷机构发放更多的次级贷款，以便衍生出更多的金融投机证券。

二是房利美和房地美加入证券投机加速了次级贷款的发酵。在次级贷款日益风行的情况下，房利美和房地美的保守经营损失了很多市场份额。在股东的要求下，巨额利润的诱惑战胜了理性与规则，两大巨头最终投入了次贷证券投机的行列。

三是政府疏于监管。美国在遭受911袭击后，房地产业借助宽松的货币政策对经济复苏起到了重要作用。美国政府对房地产报以厚望，对愈演愈烈的次级抵押贷款热潮，基本上采取了放纵态度。对民间投机贷款机构大肆发放欺骗性或掠夺性住房抵押贷款，几乎没有采取实质性的制止措施。对政府支持企业——房利美和房地美参与其中的投机经营虽然有争论，但最终在"让穷人也能拥有住房"的名义下，得到了宽容。直到次贷危机爆发时，"两房"已经深陷其中而不能自拔。联邦政府频频使出的救市招数也已没有效果了。

3. 英国：政府支持的互助式住房金融

英国建房协会是英国主要的住房金融机构，其业务量占全国金融业务的90%以上。它的性质是由议会立法专门设立的民间互助住房金融机构。到上世纪80年代，英国有16家最大的建房协会，分支机构达到6644个，总资产800多亿英镑。按照法律规定，建房协会的金融业务只限于住房为目的的存款和贷款，而不能涉足其他金融市场，监管责任也由英国互助保险协会承担，而不受中央监督银行——苏格兰银行管理。

建房协会的资金来源除自行筹集外，还通过住房金融公司发行债券或从商业银行获得贷款。除建房协会外，退休基金、财务公司、保险公司及其他民间金融机构也办理部分住房金融业务。中央政府财政对居民购买社会住宅提供折扣支持和税收优惠。住房抵押贷款提供的优惠主要有：贷款期长，一般为15~25年，最长可达30年，以减轻还贷压力；首付率低，一般为20%，有保险公司保险的可减低到10%，或免予首付。

英国在上世纪70年代实行住房私有化政策以来，提高住房自有率一直是住房政策包括金融支持的基点。现在英国的住房自有率已经与美国相当（70%）。2005年英国又提出了"股权房屋"的五年计划，动用政府基金和抵押贷款机构的资产，以降低居民的购房成本。购房者只需支付75%的房款获得股权，其余25%归政府和出资机构。这一计划实施后，英国住房自有率将达到75%，居欧美国家之首。

4. 发达国家住房金融政策的若干特点

①法律是住房金融运行的基本依据。住房金融的机构设置、资金运用、服务对象、操作程序都由法律或法规来明确规定。正是这种依法依规运行的体制，保证了住房金融民生目标的不可动摇性和防范风险的有效性。美国的次级住房抵押贷款引发危机的根本原因，也在于逃脱了法律的规范。各国的住宅金融一般都成立专门的机构，来与其他金融市场隔离运行，也有部分国家允许商业银行有条件地参与住房信贷业务。这主要是由当时资金不足的条件所决定的。同时也是为了确保个人住房贷款的连续性和稳定性，体现出住房信贷对货币政策具有一定的独立性。

②解决中层收入群体的购房问题是住房金融服务的主要目标。这一点各国都在相关立法中有明确规定。从各国金融服务的实际效果来看，对中层收入群体提供住房抵押贷款，是防止形成系统性金融风险的可靠基础。不少国家的经验表明，在有优惠政策或政府补贴的情况下，降低贷款门槛向低收入者选择性地发放抵押贷款总体上也是安全的。相比之下，我国的住房金融完全由金融机构自定政策、自我监管，现行法律对住房信贷基本没有规定，保障普通居民住房消费和公平获得住房贷款缺乏明确要求，与各国依法规范的、发达的住房金融市场形成鲜明的对照。

③对"证券化"要有严密的监管措施。美国以发达的抵押贷款二级市场拓宽了住房金融的资金渠道，而且有效地进行了监管，政府、机构、公民都从中受益。但是从体制外冒出来的次级贷款却搭上了"证券化"的便车，为无节制的金融投机敞开了方便之门。美国次级贷款最高峰时仅占全

部住房抵押贷款总额的20%，正规贷款仍占80%的大头，按理说即便次级贷款出了风险也不会掀起大的风浪，但是没有人料到由于缺乏监管形成的衍生投机黑洞，酿成了全球金融危机。不少国家曾经着手推动住房贷款的证券化，现在看来如果建立不起有效的监管制度，这一步宁可走慢一点。

阅读材料：从贷款欺骗到次贷危机

从20世纪90年代后期开始，美国的房价及房屋产权交易的热度不断上升。投资房地产似乎成了所有人保障财产安全，甚至是追逐财富的有效途径。

1997～2005年间，美国住房自有率从65.7%上升到68.9%。较高的住房自有率对一个健康的社会有着相当多的益处，但并非对所有人在所有情况下都是最理想的居住选择。

次贷危机的成因链条是怎样的呢？过分冒进的抵押贷款、丧失原则的评估师以及轻信谎言的借款人，共同推动了住房市场的繁荣。次级按揭贷款在发放之初就有了预先做好的转让计划，准备将这些按揭转售给券商，因此对偿债的风险审查并不认真，通常情况下只是走走过场，很少通过国税局核实借款人的收入情况。有时候这些放款人还会诱骗那些信用记录历史很短、对责任一无所知的人进入到急速膨胀的次级抵押贷款市场里来借钱。这些按揭贷款被以一种非常复杂而且更为神秘的方式，通过打包、出售、转售等不同手段转让给了世界各地的投资人。这套程序为这场危机搭建了一个实实在在的国际化平台。

不要因噎废食。目前的经济危机常常被某些人作为要求"复辟"——退回到过去那种简单的金融交易方式的理由，这种想法当然是完全错误的。每一次危机都孕育着变革的种子。我们可以用积极的方法更新构建金融活动的制度框架，让经过这场危机洗礼后的世界更加美好。

（摘编自［美］罗伯特希勒《终结次贷危机》导论。题目是本书作者加的。）

三、完善我国住房金融政策的几点思考

我国住房抵押贷款经过10多年的发展，现在已经从1998年的426亿元增加到3万亿的规模，而且无论是与国外住房信贷比较，还是与国内其他信贷比较，都属于最稳健、最优质的金融资产。同时也应看到，住房金融的发展只是经历了初步创建阶段，成熟发展阶段刚刚到来。其完善、发展和风险管理，都需要在吸取国内外经验教训的基础上全面加强。

1. 住房信贷制度要兼顾经济性与民生性

我国的房地产金融服务一开始就由商业银行承担，这对保证资金来源、规范制度、防范风险提供了有力的保证。从运行10多年的情况来看是成功的，没有必要再像西方国家那样另起炉灶另搞一套专门的住房金融机构。但是住房的特殊性决定了住房金融既要服从于经济目的，又要服从于民生目的。从经济意义上讲房地产业是国民经济的支柱产业；从民生意义上讲，住宅业又是仅次于农业的第二大民生产业。因此，住房信贷政策既要服从于宏观调控的经济需要，又要服从于群众改善居住条件的民生需要。特别是反映到货币政策上，应当把经济需要和民生需要放在同等重要的地位，在宏观货币政策放松时先放松自住性个人住房贷款，宏观货币政策从紧时自住性个人住房贷款还应充分留有弹性和余地。近几年的实践表明，货币政策紧缩时住房贷款同样关闭闸门；货币政策宽松时住房贷款则被投机炒房大量占用，既不利于群众住房目标的实现，又不利于房地产

市场和宏观经济的健康发展，应当引起足够的重视。在商业银行的框架内，不搞单独的住房金融体系，但要建立一套独立的住房金融政策，这可能是中国住房金融制度的适宜选择。为此，金融立法应对住房信贷作出专门规定。

2. 住房信贷面向中层就是面向大众

各国住房信贷的主要对象都是普通大众，并以立法予以保证，使人人享有平等的获得住房贷款的机会。中层收入家庭大约占总数的60%以上，只有这部分群体能够比较容易地获得住房抵押贷款的支持，才是健康的住房金融服务和房地产市场。如果住房抵押贷款真正被中层家庭所吸纳，那么房地产市场的投机炒房也就无从侵占信贷资源，房地产泡沫也就能够从源头上得到预防和控制，金融风险随之就能得到更加有效的防范。我国目前住房抵押贷款约占GDP的比例为11%，与发达国家已经达到的比例相比，还有很大的发展空间。2001年欧盟国家该指标达到39%，其中英国60%，德国47%，荷兰74%。由于国情不同，不能以外国的指标简单地衡量我国的住房金融市场，但是可以对我国的发展空间作出确定性判断。正确地运用和发挥这一发展空间的有利条件，满足中层家庭住房贷款需求，将会对整个经济的拉动和住房条件的改善产生强有力的推动作用。我国中层收入群体目前资产性收入尚十分有限，按照国际上通行的作法，降低月付、首付的门槛对住房消费具有特殊重要的意义。发达国家对有担保的抵押贷款首付很低，年限很长，是保证中低收入家庭获得贷款支持的主要手段。有的对政府机构担保的甚至不要求首付。这些经验都可以参考。

3. 加强风险预警及防范

我国住房信贷已经进入了规模较大、增长加快、需求旺盛的时期，必须提高风险意识，健全预警和防范体系，实现稳健运行。首先要处理好推动发展和控制风险的关系。住房信贷对金融业、房地产、经济增长、改善民生是一举四得的重大发展举措。要以全局、长远的眼光采取切实有效的措施，加快住房金融的发展。同时，要把防范风险放在首位，贯彻于全过程，在有效控制风险的基础上实现良性发展。第二，要加强房地产发展规律的研究，准确地判断发展过冷或过热的苗头，正确采取松紧适度的信贷政策。我国目前房地产过热、正常、偏冷三种状态同时存在于不同的城市，采取"一刀切"的办法十分有害。我国住房建设几十年停滞不前，现在刚刚进入发展的快车道，长期积累的消费需求集中释放，必然要求住宅业发展得快一点。对此要有全面客观的认识，不能一看增长量大一点，就简单地认为过热。不适当的紧缩造成的损害往往是全社会根本性的损失。事实上，发达国家在特定阶段住宅业的发展速度比我们还要快。第三，风险预警和防范体系建设要宏观控制与微观管理相结合、外部环境控制和自身体制机制建设相结合、主动防范和果断处置相结合，政府、企业和公众的责任相结合，把风险控制在最低水平，特别是要将禁止向投机炒房发放贷款作为一条金融纪律严格执行。第四，正确认识美国次贷危机的教训，健全我国住房贷款的体制和机制。我国根本没有与次级抵押贷款相类似的信贷品种，也从来没有人提出要建立这类信贷品种，但是还是常常听到人们把二者相提并论。我国的住房贷款和美国次级贷款虽然都有"抵押"二字，但是其性质、目的、运作以及对金融业的影响都是完全相反的：一个是优级，一个是次级；一个是以信贷为目的，一个是以倒卖为目的；一个是过严，一个是过滥；一个是全程监管，一个是无任何监管。……以美国的次贷危机来推测我国的房贷形势只能是主观臆断。相反，我国住房抵押贷款过紧过严过少，致使大量的储蓄存款闲置和大量的中层群体无款可贷同时并存，既不利于经济，也不利于民生，对金融业的发展也存在诸多方面的负面影响。

4. 围绕消费扩大住房公积金的作用

我国在住房体制改革过程中建立起一个独特的互助性住房金融体系，并且能安全运行十多年是十分难能可贵的。当前应当抓住有利时机，进一步扩大其住房信贷作用。一是要提高缴存职工的覆盖面。重点是督促中小企业和民营企业应缴尽缴。二是提高资金利用率，公积金贷款首付、月付等门槛不应比商业银行更高。对非缴存职工可以探索有条件地扩大放贷面的办法，使更多的群众受益。也可以按照商业银行的规程发放面向社会的抵押贷款，改变主要依靠担保的简单办法和放贷面过小的现状。三是加强风险防范。对条例规定的多种防风险措施，应从严检查落实。现在多头管理的体制很容易产生防风险措施的"悬空"，应围绕防风险问题对完善和加强制度建设进一步作出明确规定。四是应坚持住房公积金属于消费性资金的性质，除按条例规定缴存职工自建房和纯收益中用于廉租房建设外，不能用归集积累的住房公积金挪用作房地产开发和市政建设。提出这样的要求，一方面是符合中央关于扩大消费性需求的方针，另一方面是为了防止出现资金运用不当而产生系统性风险。

5. 发行购房债券，加快落实经济适用房制度

基本思路是国家或地方财政面向商业银行和住房公积金发行债券，再作为有偿低息借款，专门用于低收入家庭购买经济适用房的配套资金。假如一个符合条件的经济适用房购房者自筹首付款10%，地方政府货币化补贴10%，借用国家购房债券10%，贷款机构只需要提供70%的抵押贷款。这样的组合比例购房者负担较轻，贷款机构风险降低，地方政府保了民生又发展了经济，几方面各得其所。从国家来讲，假如发行1000亿元的购房债券可以形成1万亿元的购房消费，现在出台的其他任何一项扩大内需措施都无法与此相比。按现行平均房价计算，1000亿元购房债券可以资助大约200万户以上的低收入家庭购房。美国用次级贷款的方式试图解决低收入家庭获得住房贷款问题失败了。而我国用购房债券组合贷款的办法，解决低收入家庭贷款问题如果成功，将是对人类解决住房问题的独特贡献。这种组合式贷款也可以用于中等收入家庭，成为发展房地产业、金融业和整个经济增长的一种推进方式。

第六章 平抑房价须釜底抽薪

- 房价暴涨震撼都市，波及全国。随之而来媒体激辩，社会热议时起时伏。房价已成了人人都在关注的焦点。房价回归理性，回归市场供求规律，是房地产业和谐健康发展的基础。

- "富人购房＋富人贷款＋为富人盖房"，这是中国住房市场高速发展阶段出现的一个奇特结构。购房的"富人"又可分为两部分，一部分用于自住，满足这一部分人的住房需求是天经地义的。另一部分"富人"是钻政策的空子，专司"炒房"谋利的投机分子。投机"炒房"不清除，房地产市场不得安宁。

- 中层收入家庭的住房需求是真实的需求，是拉动房地产业和谐健康发展的真正动力。保护中层收入者的住房需求必须完善法规和政策，排除各种干扰。它与房价平稳是相辅相成的关系。

- "地王"垄断是囤地囤房，随意抬高房价，与调控方向明争暗斗的资本。阻断土地资源向寡头垄断集中是治理房价暴涨的重要条件。

- 清除中层家庭住房消费的障碍、清除投机炒房、防止"地王"垄断是对房价暴涨釜底抽薪的治本之策。为此，必须从信贷、土地、税收、市场规范多管齐下，才能收到实效。

一、房价上涨与治理效果

住房是昂贵的家庭财产,这本来是古今中外都认可的事实。但是我国近几年的房价暴涨震撼都市、影响全国并引起媒体激辩和全社会议论纷纷,则是全世界都少有的奇观。

1. 房价与收入的基本态势

改革开放以来,随着住房制度改革和价格管制的逐渐松绑,我国房价一直保持上升的趋势。现将近20年来城镇人均可支配收入和平均住房价格增长率每5年计算一个平均数列表如下。

20 年来收入与房价年增长率比较　　　　表 6 - 1

年　份	人均收入(元/人)	平均增长(%)	房价(元/m²)	平均增长率(%)
1987	1002		408	
1992	2027	15.13	995	19.52
1997	5160	20.55	1997	14.95
2002	7703	8.57	2250	2.41
2007	13786	12.35	3655	10.19

(注:平均增长率是分时间段五年的平均数)

从表6-1可以看出,我国近20年来住房价格上涨的速度总体上是比较快的,除了1998~2002年5年平均增幅处于2.41%的低位以外,其他15年的平均值都在两位数以上。人们的直观感觉是近五年房价涨得最快,但是统计数据显示1988~1992年的5年是上升最快的时段,平均每年上涨19.52%,比近五年(2003~2007年)平均房价涨幅10.19%差不多高一倍。人们经常提起2004年以来房价涨幅过高,并作为经济泡沫威胁的一个证据来讨论,但是实际上与历史上的涨价高峰相比却要低得多。这里就产生一个问题:为什么房价上涨最快时期却没有引起广泛关注呢?合理的解释是20世纪90年代中期以前,住房制度改革还没有全面推开,大部分住房还是实物分配,大家关心的是"分房"而不是"买房",房价的高低自然也就不是大众关心的事了。另一个原因就是那段时间人均可支配收入也在以 15%~20% 高速增长,一定程度上冲淡了房价上涨的影响。近 20 年城镇人均收入增长 12.76 倍,平均房价增长 7.96 倍。正是这一收入增长快于房价增长的基本条件,使城镇居民的住房水平和质量以更高的速度提升。

2. 房价收入比的差异性

评判房价高低的一个重要指标是房价收入比。对这一指标的局限性现在有很多不同的讨论意见。但是它毕竟把住房供应的价格和住房购买的支付能力联系起来研究,可以用来判断市场供求关系的总体状况。房价收入比虽然不能搞国家间、指标间的简单类比,但是只要运用得当,仍然可以说明住房消费市场的主要问题。我们现在每 5 年按照家庭人口、人均居住面积、人均可支配收入、平均房价计算一个房价收入比,列为表 6-2。从表中显示,1987 年我国城镇居民的房价收入比较低,为 5.12,1992 年猛增到 7.25 后,一直维持 6 以上的较高水平,2007 年达到高峰的 7.40。

联合国的有关机构提出,发展中国家房价收入比不超过 6 倍时,中等收入家庭也能够进入住房市场,有利于供求关系保持基本平衡。我国在近 20 年都在 6 倍以上,显示房价上涨过快是中层收入家庭购房难的一个重要原因。控制房价收入比应是当前住房市场可持续发展的关键。

近 20 年房价收入比　　　　　　　　　　表 6-2

年　份	平均每户家庭全年收入(元)	平均每套住房价格(元)	房价收入比
1987	3542	18145	5.12
1992	6848	49619	7.25
1997	16550	113405	6.85
2002	24858	155965	6.27
2007	41218	304973	7.40

从表6-2的数据显示，目前住房收入比只是偏高，并没有全国性的房价暴涨的依据。但是房子贵、买不起，确实是大家公认的，不少地方引起了震撼。那么震撼源自何方呢？来源之一是我国城镇居民收入水平差距悬殊。有研究报告按90平方米为基础，计算了房价收入比的分布情况，如表6-3。从表内的数据反映出，只有20%的最高收入户和高收入户房价收入比在6∶1以下。其余80%的居民家庭都在6∶1以上。其中具有代表意义的中等收入户房价收入比为9.2∶1，根本无法进入市场购房，只能望房兴叹。房价震撼的另一个来源是地区差异。上海市2004、2005、2006年居民房价收入比分别为12.30、11.97、11.35。如果计算其他几个热点城市的房价收入比，也要比全国的平均数高得多。也就是说大都市房价畸高加上全国性房价偏高，造成了房价震撼从中心城市发源而波及全国的态势。

2005年按收入分组计算的房价收入比　　　　　　　　表6-3

分　　组	房价收入比
最低收入户（10%）	25.2
低收入户（10%）	16.8
中等偏下户（20%）	12.7
中等收入户（20%）	9.2
中等偏上户（20%）	7.5
高收入户（10%）	5.7
最高收入户（10%）	3.5

3. 房价上涨过快的主因判断

①中层收入消费群体的缺失是住房市场失灵的基本原因

一个平稳的可持续的住房市场，必然是中层收入为中心的大众作为消费主体的市场。世界上大多数国家都是通过市场来解决中等收入群体的住房问题，只有新加坡和北欧的少数国家把中等收入及其以下的阶层全部纳入到政府垄断或半垄断的住房市场，而只把高收入群体推向完全竞争的市场。我国的住房制度从设计之初到出台,没有采取大多数国家的共同作法,而是效仿新加坡把中等收入家庭纳入购买半政府控制、半市场化的经济适用房的范围,规定"收入高的家庭购买、租赁市价商品住房"。按照这些规定,住房供给和消费市场的运行规则就自然而然地把高收入家庭作为基点,相应制定的金融、财税、土地、市场管理等一系列政策也不可能把中层收入家庭作为主体。住房市场事实上形成了"富人"贷款、"富人"购房、为"富人"建房的唯富结构,中层家庭处于既得不到政策性住房,又进不了住房市场的两难境地。

——"富人"贷款。住房抵押贷款是支撑住房市场的主力资金来源。我国住房抵押贷款设置的门槛是否过高,理论界有不同看法。供职于中信银行的冯燮刚先生认为,只有20%的高端消费群体才能获得住房抵押贷款。徐滇庆先生按照现行抵押贷款的条件计算出相应的房价收入比,认为中等收入家庭也可以获得房贷支持。但是,这些结论只是理论上的计算,有待进行实践检验。金融机构在实际操作过程中,为了提高防范贷款风险的安全程度,往往把贷款首付、年限、月收入比例都有不同程度的提高,实际投放的贷款自然而然地向高收入群体倾斜。从现实中的现象观察,真正的中等收入者,如果不是在长辈和亲友的资助下变成"财产转移性富人",或是经过多年积蓄,在中、老年后再购房,很难通过抵押贷款的审批程序而得到资金支持。

——"富人"买房。活跃在我国住房市场上的消费人群,如果分类,高收入者首先要数外资企业的管理者和"白领"阶层,他们的工薪中包含了参照境外房价及汇率的因素,因而与国内比较当然

是特高收入者，事实上这个群体也是拉高热点城市房价的重要力量。其他诸如活跃在大都市和休闲度假城市购房的外地人；大型企业的中高层管理人员；中小型企业的高管人员；科研、教育、文化等事业单位的中高层职员；农村已有一定积累的进城创业人员；社会中介、金融、服务等行业有高收入机会的人员；有"灰色"收入及其他高额收入的人员等等。而对普通工薪阶层来说，虽然按平均收入水平衡量大多数已属于"中等偏高"收入阶层，但是靠自己的支付能力，很难到市场上顺利地买到房。这从另一个侧面反映出在我国住房市场上活跃的消费主体是高收入和最高收入乃至富豪的"富人"。

——为"富人"建房。住房贷款流向"富人"，活跃在消费市场购房的是"富人"，那么建好房卖给"富人"也就自然成为情理之中的事了。不同的消费层次对住房的安全、质量的要求是没有实质性差别的，但是对价格、特性就有实质性的不同选择，普通大众选择住房条件的顺序一般是"价格——舒适——环境"，首先考虑的是价格上能否承受。而富有阶层选择顺序一般是"豪华——环境——价格"。对他们来说，价格高低服从于其他方面的考虑，由此也就产生了提高房价的动因。建造高档商品房对房地产开发企业来讲利润空间是很大的。就建筑安装成本而言，普通房和高档房差别并不大，但是景观环境、户型、舒适性带来的利润是十分可观的。越是高档的楼盘，中小开发企业越难进入，利润空间就越大，越有利于向垄断的方向发展。城市的管理者也希望多出现一些高档楼盘，一方面改善城市风貌，另一方面有利于留住高端人才和大型企业。搞清了体制性、机制性因素，也就明白了房地产大亨喊出"为富人建房"是制度使然，而不是一时心血来潮。至此，中国住房市场"富人贷款、富人购房、为富人建房"的唯富架构也就清晰可见了。

②投机性购房拉高房价

投机性购房是在正常的住房供给和消费之间，增加了一个倒买倒卖的环节，把盘剥消费者的利润以推高房价的形式显现出来。欧美国家的住房市场发展至今已有一、二百年之久，但投机炒房的现象并不多见。亚洲各国的住房市场在几十年的发展过程中，几乎都发生过严重的住房投机现象，有的还酿成泡沫经济。这可能与东西方的文化背景差异有关。我国住房市场仅仅发展了十多年，却发生了堪称世界奇观的炒房潮，有的甚至结成"炒房团"流动在大城市之间轮番炒作，而且还一度被视为"精明的创举"。容忍住房领域的炒作投机源于对住房具有民生性、公共性的特殊性质认识不足，错误地把住房混淆于普通商品来看待，甚至产生过适度炒作有利于市场发展的片面认识。近年来各级政府和有关部门按照中央的方针政策加大了制止"炒风"的工作力度，防止投机炒房的政策已经见到实效，但是还很难做到完全清除和根本性预防的程度。投机性购房在住房总需求中的比例不可低估。据权威新闻媒体报道，某些城市在房地产"过热"时期，房屋中介机构在街面上像零售商店一样比比皆是，但是在中央出台制止投机炒作的政策后，这些房屋中介机构大部分关门歇业了。这从一个侧面说明"炒风"最盛时住房投机的严重程度。据冯燮刚先生研究，从大都市购房者中已经拥有的非自住房比例、二手房交易规律、已售商品房中"空关率"等相关数据推测，投机性持房不低于同期一手房总数量的$1/3 \sim 1/2$。这一数据可能包括了一部分个人理财性质的"投资性购房"，即便打一大半折扣，投机炒房的群体也是一个很大的数字。研究住房价格理论的经济学家徐滇庆先生认为，投机活动最显著的特点是短期，来得快，去得也快。房价迅速冲上高峰，形成泡沫经济，然后突然崩溃，给国民经济造成巨大的冲击。联系到前几年热点城市的房价，在已经处于高位的基础上每年涨二、三千元，投机性购房的力量不可小视。

③形成垄断推高房价

1995年时，我国房地产开发企业约为1万家，到2003年达到3万家，其中一半以上集中在东南沿海发达地区。2006年达到6万家。企业数量虽然多，但现在能够留在大城市左右房地产局势的只有少数的大型企业。绝大部分中小型企业被挤出了市场，或者名存实亡，或者转移到二线、三线内地城市和边远的中小城市另起炉灶。在最近几年公布的全国100家大企业排名中，房地产开发企业的数量越来越多。近几年福布斯公布的中国富豪排行榜中，有很大一部分是房地产开发商。徐滇庆等专家研究认为，房价暴涨的根本原因在于垄断。在市场上出台价格时，虽有企业之间的竞争，但这种竞争并不是自由和公平的，而是"领袖式"的，即由先开发的或实力强的企业先出台价格，其他相近的企业跟随其价位。有的专家认为"价格领袖制或价格合谋，已经成了当前中国整个房地产业的一种潜规则"。

垄断加剧了房地产市场的信息不对称，房价就必然成为背离价值的脱缰野马。从近几年房地产宏观调控的实际情况来看，政府主管部门对垄断推动房价暴涨，尚未拿出切实有效的治理办法来。曾经一度热议的"公布房屋建造成本"，也是雷声大、雨点小。不是以各种理由拖延搪塞，就是提出泄露企业商业秘密的质疑。即使有的地方公布了住房成本，也马上会受到房地产开发商的联合否认，并且往往还会有另一个部门或其上级出面予以直接间接的"纠正"。可以说一旦垄断形成，政府对房价的话语权即告丢失，对寡头垄断的价格叫板毫无办法。尽管如此，各个地方现在仍然在提倡"提高产业集中度"、"名牌战略"、"支持企业重组"等排斥中小企业、支持寡头兼并的作法，总是希望有"地王"来提高地价房价，创造更多的土地收益，出现更多的高档楼盘来扮靓城市。

阅读材料：年报披露地产公司"不差钱"

截至3月24日，沪深两市已有40家房地产公司披露了2008年年报，2008年全年净利润达157.32亿元，较2007年增长了12.27%，而去年这些地产股的算术平均加权净资产收益率为18.7%，同比增加了2.4个百分点，显示地产股资产盈利质量仍略有上升。粗略统计，房地产公司平均净利润率仍高达20%，最高达61.64%。

不仅房地产公司"不差钱"，地产上市公司高管也"不差钱"。由于地产公司高管拿着高薪哭穷要政府救市，引起媒体和网友的指责和挞伐。

不少消费者认为，且不说这些高薪是建立在大大超出百姓承受能力的高房价之上的，即使从上市公司对股东负责的角度看，一些高管薪酬增幅远远超过公司利润增幅也令人难以理解。

业内人士表示，在高库存的压力下，开发商不能一味寻求政策救市，还要放平心态通过市场手段自救。现在市场上各种声音都有，不仅干扰了政府决策，而且也干扰了市场主体——买方和卖方获得的信息失真，房地产市场整体下行的趋势并没有改观。

2009年楼市成交量还将保持"箱底振荡"格局。开发商借机涨价的短视行为，会使部分对价格非常敏感的购房者退而观望，导致成交量增长乏力，甚至重新回调。

（原文载于《中国建设报》2009年4月8日头版头条，本书收录时有删节）

4. 本轮平抑房价的措施与成效

我国住房价格最近一轮变化周期在2003年结束了稳定期后，即进入迅速上升的通道。2004年全国平均房价上涨19.08%，而同年城镇居民人均可支配收入仅增长7.8%。房价上涨速度超过收入增长速度接近2倍。从全国来看，东中西部、大中小城市的房价都在上涨，有的省市上涨超过30%、40%，甚至50%。全国性的房价暴涨浪潮引起中央决策层的高度关注,也引起业内人士的严重担忧。国务院及有关部门连年出台房地产宏观调控的文件,把"控制房价过快上涨"作为重要的调控内容。

——金融政策。2003年中国人民银行发布的〔2003〕121号文件,是我国本世纪第一份抑制房地产过热的文件。主要内容是要求房地产开发企业自有资金比例不低于30%、不得发放土地出让金贷款、提高高档商品房和二套以上住房的贷款首付和利率等等。2004年中国银监会公布了《商业银行房地产贷款风险指引》,进一步提高了贷款门槛(开发项目贷款自有资金不低于35%、购房抵押贷款月供房款不得超过收入的50%等),并对虚假按揭等违规行为提出了惩戒措施。2007年央行在几个月内5次加息,抽紧银根抑制需求。9月,央行和银监会发出通知,要求对90平方米以上自住房和第二套住房贷款的首付提高到30%和40%,并随套数增加而大幅度提高首付款比例和利率水平。这是对投机炒房行为的又一次沉重打击。从2003~2007年住房金融调控的目标和效果来看,都是从供应和需求两个方面同时着手制止过热,打击利用贷款捂盘、囤地、假按揭和投机炒房行为。

——财税政策。2003年7月,国家税务总局发出〔2003〕83号文件,规范了房地产开发企业的所得税。2005年,国家税务总局、财政部、建设部联合下发了《加强房地产税收管理的通知》,其中属于直接平抑房价的规定有:购买住房不足两年对外销售的,全额征收营业税;开征土地闲置费。2006年7月国家税务总局108号文件规定,在全国范围内统一征收二手房转让环节的个人所得税。2007年,国家对房地产开发企业土地增值税进行清算,明令取消涉及房地产开发的土地使用税优惠政策,对消费环节的契税、印花税、房产税等都提高了征收标准。可以看出这些税收政策对抑制房地产投机的力度越来越大。

——土地调控政策。国家土地政策对平抑房价的调控主要表现在:2003年开始严格控制高档商品住房用地、停止审批别墅用地。2004年开始全面开展经营性土地使用权招标、拍卖、挂牌出让,控制土地闲置、只圈不建等行为。2007年出台的相关政策有通过土地增值税清算，抑制房价暴涨，保证中低价位商品房和保障性住房的用地比例，建设用地使用证先付清出让金再发证；颁布《土地储备管理办法》，制
止炒卖项目和圈地、囤地现象。

——综合管理政策。2003年1月，国家计委发布《关于进一步加强房地产价格管理，促进房地产业健康发展的通知》，就土地价格、住房价格、收费等进行规范。8月12日，国务院下发〔2003〕18号文件，就商品房价格管理、廉租房、经济适用房建设等提出规范要求。2005年3月26日，国务院办公厅下发《关于切实稳定住房价格的通知》（即老国八条）提出8条控制房价涨幅过快的具体要求，并明确了各级政府的领导责任。4月28日，国务院又提出了加强房地产市场调控的8条措施（即新国八条），每条措施都直指房价涨幅过快的问题。7月6日，建设部、发改委、工商局联合下发《关于进一步整顿规范房地产交易程序的通知》，其中对商品房预售提出了严格的管理措施，制止欺诈和投机行为。2006年5月17日，国务院常务会议提出了促进房地产业健康发展的六条措施（即"国六条"）。2007年4月6日，建设部等8个国家部门联合开展房地产市场秩序专项整治。8月7日，国务院出台《关于解决城市低收入家庭住房困难的若干意见》。10月31日，国家发改委、商务部修订《外商投资产业指导目录》，对外资参与房地产开发进行了严格的限制，进一步切断了外资参与炒房的渠道。

2003年以来我国住房价格形势十分严峻，情况十分复杂。在国务院直接组织领导下，各部门不断完善政策，加大平抑房价工作的力度，取得了明显成效。2005年至2008年，我国房价再也没有出现全局性暴涨，房价上涨的幅度都低于城镇居民人均可支配收入增长的幅度。特别是积累了标本兼治的经验，为今后防止因房价上涨形成泡沫经济奠定了工作基础。同时也应看到，国内仍有少数城市的房价逆势大幅上涨，说明造成房价异常上涨的动力还存在，随时可以乘机兴风作浪。我国在近几年平抑房价的过程中，行政手段起很大作用，但法律手段、经济手段不完善，市场自动调节机制基本上处于失灵状态，这些都是今后住宅业持续、健康发展的隐忧。

二、若干国家和地区制止房地产泡沫的主要做法

1. 日本：拖延导致长期低迷

1985年"广场协议"后，日元大幅度升值。大量资金需要寻找投放机会。日本的商业银行本来与房地产业是隔离的，但是此时在巨大的流动性压力下，大量贷款通过直接或间接方式流入房地产。股票指数和房价地价同时飙升，造成日本空前的虚假繁荣。日本政府曾经意识到暴涨隐藏着巨大的危机，于1987年开始紧缩银根。但是日本各大银行和住房金融机构都与内阁有着错综复杂的紧密联系，投资的冲动并没有得到有效的遏制和监管。1988年日本金融机构向房地产业的贷款仍然比上年增加了16%。东京、大阪、名古屋等六大城市1985年的土地价格比1980年仅上升53.6%，但到1990年，在短短的五年内比1985年上升了3.1倍。1987年东京房价甚至高达每平方米5.8万美元的天价。1990年底日本泡沫经济崩溃后，股市和房地产市场双双下跌。大城市的地价下降幅度在20%以上，到1994年平均房价跌幅超过了50%。东京的房价从最高峰的每平方米5万多美元暴跌到2万美元。

面对泡沫经济破灭的巨大冲击，日本希望通过注资的办法挽救大企业和大银行。资金不够了，就向民间发行债券。但是对泡沫经济暴露出来的行政与经济体制上的弊端没有真正的触动。日本凭借当时强大的经济实力

修补漏洞的策略并未奏效。日本在战后以政府与财团、企业的密切合作取得了经济发展的巨大成功。但是在80年代后期的泡沫经济时期，对房地产价格没有及时有效地进行干预和控制，在泡沫破裂后又采取治标而不治本的策略，酿成长达十几年至今未走出的经济困境。

2. 韩国："疏""堵"结合治理高房价

韩国国土面积狭小，人口稠密。住房紧张的状况一直持续到80年代中期。经济发展快、房地产发展慢的特殊结构为房地产投机提供了条件和动力。上世纪70年代出现了房价飞涨的局面。针对这种情况，1978年韩国政府出台了《有关稳定住房价格、抑制投机、供给住宅的规定》、《抑制房地产投机及供给对策》，采取了"疏堵"两手互相结合的办法治理房地产投机。"疏"的办法就是大量建造房屋，增加公共住房和民间房屋的供给。1988～1996年实施的两个住房建设计划总计达450万套，其中政府投资建设的公共出租房达217万套。同时有选择地放松对土地开发的管制，提供足够而低价的住房建设用地。除建设公房外，还设立国民住宅基金为私人或社会机构建设小套型住房提供60%～70%的低息贷款。"堵"的办法就是限制住房市场的投机行为。核心是完善住房税制，对拥有多处住房和住房超过一定面积的人，由国税厅特别管理，提高财产税税率，强化让渡所得税的征收。此外强制购房者必须购买一定数量的住房公债，一方面抑制过热的需求，另一方面为住房建设增加资金支持。

3. 美国：以法律维护大众住房消费

美国的房价在1975～1995年的20年内波动不大，平均每年上涨0.5%。美国是崇尚自由市场经济的国家，对各种价格不进行任何直接干预。在如此长的时期内能保持房价平稳，说明市场自行调节的功能是十分健全的。这主要得益于住房法制的配套、住房金融的发达和市场秩序的规范。联邦住房管理局对个人住房贷款进行担保的制度，对普通民众一直能保持住房消费的主体地位起到了很大作用，因而，市场上反映的住房消费需求是真实的、有效的。此外，美国有投机暴富愿望的人更愿意投身到发达而便捷的金融市场中，很少有人去投机炒房。这或许与美国人的社会文化背景有关。美国对中低收入群体和少数族裔的住房消费需求有完善的法律保护和监督机制，这方面的主要法律有《公平住房法》、《抵押贷款公示法》、《社区再投资法》。20世纪90年代后期以来，次级抵押贷款中的"掠夺性借贷"使低收入者和少数族裔受骗较多，对此不少州出台了地方立法进行限制。联邦和地方关于住房公平的各项立法都有很强的针对性。例如针对获得住房抵押贷款的四个步骤6个环节可能发生的歧视行为，都提出了惩戒措施。弱势群体受到歧视对待时，可以向政府投诉或向法院起诉。有关部门还以对居民调查和对服务机构"暗访"的形式进行监督，确保"从公平获得贷款到获得公平贷款"的全程落实。表6-4是联邦金融机构考察委员会的报告中公布的居民申请常规抵押贷款时，不同收入群体遭受的拒绝率。从表中数据可见，申请住房抵押贷款遭到拒绝的现象发生在平均收入水平以下的中低收入群体较多，但差距并不悬殊。

2003年申请常规抵押贷款时的拒绝率（%）　　　表6-4

收入占都市区平均收入的比例	抵押贷款拒绝率
低于50%	25.5
50%~79%	15.7
80%~99%	12.5
100%~119%	11.1
120%以上	9.3
无收入信息	13.0

从1994年起，随着次级抵押贷款特别是掠夺性贷款的猖獗，越来越多的州通过地方立法进行禁止。到2004年，共有36个州、3个县、10个

市出台了这方面的立法。但是联邦的一些强势机构不断采取各种办法突破地方法律的限制,特别是金融投机家们对法律的限制进行极力反对。这为后来的次贷危机的发展铺平了道路。

在世纪之交,美国的房价出现了异常上涨。2000~2006年,全国平均房价上涨率都在6%上下。从目前看到的情况分析,这次房价上涨浪潮的背景与美国的宏观经济和货币政策密切相关。在亚洲金融危机和遭受"9·11"袭击后,美国为了避免经济衰退,实行了非常宽松的货币政策。充足的资金流动为房价上涨创造了条件。房价异常上涨不能没有投机因素,但投机活动并不是发生在房地产供求市场,而是主要发生在房贷证券化后的虚拟市场。"住房次级抵押贷款——证券化——虚拟经济投机"这一链条的形成,把诱骗式的次级贷款与无监管的虚拟投机连接起来,为全世界的资金注入美国的房地产市场打开了不受节制的管道。"超低门槛购房+虚拟经济投机"推动了本世纪初美国房价的大幅上涨。这种形式与一般国家房价暴涨有所不同,但泡沫经济崩溃的性质和危害是一样的。次贷危机引发的金融危机和经济危机以什么形式终结,现在还不得而知。

4. 中国香港:从放任到低迷

香港的住房制度是建立在"保低不限高"的基础上的。在政府对低收入群体实行保障制度的基础上,不干预住房市场。从1979年以来,香港的房地产价格发生过三次大起大落。其中最大的一次起伏是从1991年到2003年,12年中7年暴涨,5年暴跌。暴涨的7年中前四年上涨了2倍,到1998年达到顶点2.6倍时下跌,直至跌到1993年的水平。房地产价格上涨期间,投机之风盛行,港英当局却没有采取任何措施。在1997年回归祖国后,当时一种普遍的观点是认为房价上升表现了人们对回归有信心。即使是亚洲金融危机冲垮了其他国家的泡沫经济后,香港的房地产还维持了一年多的繁荣。一套三居室单元房价格曾经高达100多万美元,即使是号称世界上薪水最高的香港公务员也只能望房兴叹。在1999年经济泡沫崩溃后房价连年下跌,每年的跌幅超过两位数。香港的股市在遭遇亚洲金融风暴后还有几次回升,但房地产一直回升乏力。香港的服务业占GDP的比重高达84%,股市和楼市具有举足轻重的地位。房地产业一蹶不振拖累了整个经济,十年前放任房价暴涨而形成的困境至今仍无法摆脱。从香港的典型事例可以看出,房地产业一旦崩盘,再想重新恢复是十分困难的。

5. 中国台湾:大起大落与发展挫折

70年代以来,台湾房价曾出现过三次大波动。第一次为1972～1973年,房价上涨24.24%和26.83%。第二次为1979～1980年,分别上涨26.79%和23.94%。这两次上涨正值经济发展和居民收入高增长期,所以震动不大。第三次即1987～1989年的房价上涨最为猛烈,三年上涨分别为35.87%、94.51%和41.81%。大台北地区1986年市场房价每平方米6.7万元,到1989年上涨到25.1万元,涨幅达到274.5%。除以上三次暴涨外,其他年份台湾的房价处于平稳或下降。从1972～1992年21年间,下降的年份7年,平稳7年,暴涨7年。台湾当局应对房价暴涨的主要措施是紧缩银根,减少货币供应量。同时对相关因素,诸如通货膨胀的推动、海外资金的流入、外汇储备的增加、货币升值等等,也都采取了相应措施。亚洲金融危机爆发后,台湾经济受到了巨大冲击,房地产业也陷入长期低迷。2003年台湾中南部的房价与峰值相比,降低了40%左右。台北地区属于例外,在高端住宅的支持下仍然维持高价位。房地产泡沫经济崩溃后,台湾的学术界、产业界对控制投机、稳定房价提出了不少有价值的意见，包括更新土地规划、增加供地、提高增值税率、加强不动产征税、完善交易制度等。但是台湾城镇化率已达到很高水平，人均居住面积1993年已达26.57平方米，住房自有率一直保持在80%左右，不少地方住房已供过于求，住房标准已经基本满足需要，因此在现在的政治经济格局中，台湾的房地产很难再出现高速发展和大的投机浪潮。

三、治本之策——确保大众住房消费的主体地位

在健全的住房市场上，政府职能主要围绕两大基本任务来发挥：一是保护弱势群体。这方面的内容已在其他相关部分谈到，这里就不重复了。二是调控价格。价格平稳才能反映真实的供求关系动态平衡，发挥市场机制有效而合理地配置资源的作用。房价问题一直是近几年房地产市场的焦点问题。房价畸高几乎成了顽症。本文试图从釜底抽薪、标本兼治的角度做一些探讨。

1. 维护住房供求关系的动态平衡

普通商品市场通过自由竞争机制就可以实现供求平衡关系，形成真实的价格信号。但是住房市场所具有的分散性、信息不对称、功能多重性等特点，决定了单靠市场机制不能维持供求平衡关系，无论是卖方市场还是买方市场，都会造成价格异常。因此，必须在政府职能的支撑条件下，营造供给方非垄断和需求方大众性的基本条件，才可能实现供求关系的动态平衡。三者的关系如图（见140页）：

2. 从保护中层到大众住房消费

中层收入群体包括统计分组的中等收入、中等偏上收入和中等偏下收入，应占家庭总数的60%。如果这部分群体在住房市场上不受歧视，不受阻碍，那么高收入群体的住房消费也就自然能够得到满足；低收入群体经过政府住房保障政策的资助，也能有条件地进入住房消费市场。因此，确

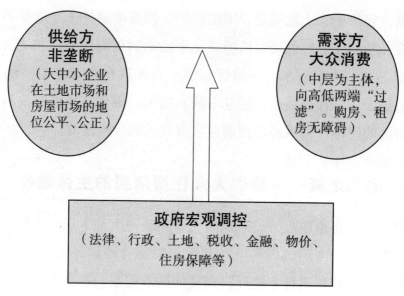

住房市场供求关系动态平衡示意图

保了中层收入群体的住房消费权利，实质上也就确保了全体居民的住房消费权利。中国共产党第十七次代表大会向世人宣布了"创造条件让更多群众拥有财产性收入"这一新的执政理念，而对中低收入者来说，财产的大头就是住房。因而，确保中层收入群体成为住房消费的主体，从大局高度来讲，具有政治意义和社会意义；从住房市场的具体运作来讲，是供求平衡、健康持续发展的必然要求。

为了确保中层收入家庭成为住房消费的主体，首先，要完善住房制度，改变房地产市场的"唯富"结构。在我国住房供应体系的设计中，中等收入家庭从经济适用房供应体系中取消后，既不再属于政策性住房供应体系，又未能进入市场化商品房供应体系。中层收入家庭住房消费在制度上的空缺为住房市场的"唯富"结构提供了存在和发展的空间，富人购房、富人贷款、为富人建房越来越成为占主导地位的市场形态。只有在住房制度设计的层面上，明确作出规定，把中层住房消费作为住房市场的主体，相应修改和完善相关法规和政策，才能恢复住房市场为大众服务的原本宗旨，也才能把住房市场的可持续发展置于大众消费的牢固基础之上。

第二，要完善法制，保障居民平等获得住房的权利。在当前"唯富"结构的住房市场上，不仅低收入家庭无法进入，中层收入家庭也处于弱势地位，必须借助法律和政府规章防止出现不公正待遇。不少国家都对

住房公平进行立法保证，明确规定租房者、购房者遭受到不合理拒绝和不公正待遇时，当事人要负法律责任。这些成功的作法应当借鉴。

第三，以中层收入为目标群体，完善住房信贷政策。抵押贷款的首付、期限、月付和其他条件都要按中层收入水平测算确定，制止金融机构为了减少风险而擅自提高"门槛"。个人住房贷款投放量要以满足大众住房需求为目的，不应以额度和比例进行限制。在有担保的情况下，更应当降低贷款门槛，使更多的人能够更快地改善居住条件。

3. 坚决清除投机炒房

对制止住房投机的问题经过几年的争论，现在已经基本达成共识。住房投机是害群之马，必须永远清除才能维护住房市场的稳定和发展。住房消费要按照保护自住性消费、限制投资性消费、禁止投机性消费的方针完善政策。有些讨论认为投资与投机不好区分。但实际上如果把第二套住房看做是改善居住条件性质的，那么购买第三套以上住房时，不用贷款的就属于个人理财性质的购房保值，使用贷款购买三套以上住房的可以认为属于投机套利。金融机构在过去几年利用第二套、第三套以上房贷的区别化政策已经有效地遏制了住房投机。过去曾经发生过在一个人的名字下面有几十套、甚至成百套住房贷款的事例，采取应对政策后很快得到制止，这说明以房贷政策来治理投机是见效的，同时也说明投机炒房对金融贷款的

依存关系。清除投机炒房的另一个锐利武器就是税收政策。特别是房地产保有环节的税制一旦设立，房地产投机就失去了谋利生存的基础。在美国有很多声明放弃产权和超低标价出售的住房，原因就是房主想解脱房地产税的经济负担。我国的房地产保有税设立后，急于将住房出手的投机者可能也不在少数。现在的问题是已经酝酿多年的这部法律何时能冲破阻力而出台，大家都在热议中期待。

4. 防止垄断，有序竞争

巨型房地产开发企业虽然对提升住房建设的功能、标准水平起到了带头作用，但是近年来兼并加速，房地产大亨在各种富豪排名中不断增多的现象应当引起足够的注意。中小企业是解决中低收入家庭住房供给的主要力量，但是在市场竞争中处于越来越不利的地位。我国房地产开发企业虽然有6万家左右，但是不少企业仅仅是在当地住宅业启动阶段承担主角，一旦市场形成规模后大企业进来了，中小企业就只能退出市场。要保持大中小企业平等的竞争地位，首先是城市管理者应消除对大企业的盲目偏袒。事实上，大企业雕琢的景观美并不一定比科学规划的生态美更宜居。大企业擅长的功能、质量、形象，只要提出要求，中小企业也能做到，而且成本造价更低。在大企业以奢华制胜和中小企业以性价比制胜的角力中，政府应当帮助改变中小企业的不利地位。特别要防止土地供应的国家一级垄断之外再出现"地王"的二级垄断。近几年房地产百强企业中，土地资源储备进一步向高端企业集中，拥有几百万平方米、几千万平方米土地贮备的企业巨头为数不少，具有急剧推高房价的能力。对政府已出让的土地要坚决执行限期开发政策,超过期限就要进行经济惩罚,直至依法收回。只有这样才能堵死囤地囤房的漏洞,恢复土地供应和住房供应的公开、公平、公正。

5. 价格监管与指导

政府对住房价格的管理应当是宏观的、指导性的。首先要密切监视市场动态,消除住房市场上非竞争因素的出现,维持有序的自由竞争。当发现住房市场的非垄断供给和大众住房消费的平衡关系失衡时,及时调查研究,找准原因,采取相应对策。其次要研究当地住房的社会平均成本,定期向社会公布。城市政府部门要想掌握开发企业的具体成本很难,但是掌握本市各类住房的社会成本是很容易的。一旦社会平均房屋成本公布出来,很多猜忌顿时消失,很多争论自然平息,很多调控房价的难题迎刃而解。第三要研究制定住房价格管理的法规,维护正常的价格秩序,形成符合房地产业发展规律和住房特殊性的价格形成机制,有效地进行监管。

第七章　完善税制

——调节房地产经济和住房公平

- 改革开放以来，我国从推动土地有偿使用入手，逐步建立了房地产领域的税制，对促进房地产市场培育，调控住房结构、价格、资源利用发挥了重要作用。现在实施的 10 种涉房税种，大部分是合理有效的，但也面临着需要补充和整合的问题。

- 住房保有环节税（物业税）缺失，是当前完善涉房税制需要解决的首要问题。这一税种对于遏制投机炒房、保障住房公平、稳定住房价格、改善宏观调控具有提供基本手段的作用。

- 完善房屋财产税制是发达国家稳定发展住宅经济、控制住房差距的重要措施。美国实行高税负、高退税比率的政策，取得了住房价格长期平稳和房地产市场持续发展的不菲成就。韩国以高税负有效制止了投机炒房。研究借鉴国外的经验教训，有利于我国在完善税制过程中少走弯路。

- 住房保有税（物业税）不仅对解决住房问题具有重要作用，而且对完善我国的财产税制、增加中层收入群体比重都有促进作用。因此，完善住房税制在推进科学发展、构建和谐社会中具有重要意义。

- 我国针对住房保有环节征税的时机已经成熟。但是在准备阶段使用的"物业税"名称在正式实施时应改为"房地产税"或"房产税",这样才能既符合中文表达方式,又易于实行新老税之间的转换与整合,也便于被社会大众所认知。对居民基本住房实行每人30平方米左右的免税,是调节住房公平的重要体现。对房屋私下交易、自发出租、"空关房"征税是实施难点,容易形成"盲区"。只有严格执法,克服难点,消除"盲区",才能体现税法维护社会公平正义的宗旨。

一、我国房地产税制现状

我国在1951年实施了"中华人民共和国城市房地产税",主要针对经营性房屋进行征税。范围小,税率低,调节作用较弱。后来在全面实行计划经济体制后,这一税种适用范围更小。1984年我国税制改革时,明确国内企业和个人不再适用该税。因此,可以说在计划经济时期和改革开放初期我国基本上没有涉及住房的税种。改革开放后,从推进土地有偿使用开始,逐渐形成了房地产税制体系。1979年7月1日出台的《中华人民共和国中外合资企业经营法》提出了"土地使用费"的概念;1986年9月国务院颁布《中华人民共和国房产税暂行条例》;1988年8月6日,国务院颁布《中华人民共和国印花税暂行条例》;20世纪90年代以来,国家为适应房地产业发展和宏观调控的需要,明确了营业税、所得税、契税在房地产领域开始征收的政策。经过20多年的历程,我国涉及资源利用、开发建设、交易保有的房地产领域的税制体系初步确立。现在我国涉及房地产的税种主要有10种。

开发建设方
- 土地增值税(依据转让房地产增值额,4级累进税率)
- 营业税(销售房地产税率5%)
- 所得税(个人所得税率20%,企业所得33%)
- 附加税(城市建设税、教育费附加税)

购置保有方 ⎧ 契税（土地、房屋交易，税率1%~3%）
　　　　　 ｜ 印花税（按书据所载金额0.03%~0.05%纳税）
　　　　　 ｜ 房产税（经营性房屋余值1.2%或租金12%，按年计征）
　　　　　 ｜ 城镇土地使用税（经营性房屋0.2~10元/平方米，按年计征）
　　　　　 ⎩ 耕地使用税（1~10元/平方米，一次性征收）

1. 调节功能及效果

①税收优惠启动房地产市场。改革开放初期，我国的住房建设仍然由国家和单位负责建设和供给，国家对住房的供需双方都不征税。1986年设立的房产税也仅对经营性房屋进行征税。轻税政策为住宅建设提供了宽松的经济环境，因而80年代居民住房迅速增加。国家利用税收优惠促进住宅业发展的成效突出地体现在应对亚洲金融危机时期。1999年9月财政部、国家税务总局对房地产营业税和契税实施减免，12月又对购房人缴纳的个人所得税实行减免、优惠，对个人普通住房转让时免征土地增值税。2001年对房屋出租的税费进一步进行减免，激励个人买卖住房，消化空置商品房。这些税收优惠政策的目的都是把房地产业切实培育成为国民经济"新的经济增长点"。

②灵活政策抑制房地产市场过热。1992~1995年我国局部省市出现了房地产过热现象。国家相应在进口建筑物资税收方面进行调节。进入21世纪后，针对全国性的房地产投资规模过大的问题，逐渐加强了税收调节，减少了土地出让环节的税收优惠。2003年7月，国家税务总局发布了《关于房地产开发有关企业所得税问题的通知》，加强和规范了房地产企业所得税的征管。2005年5月，国家税务总局、财政部、建设部联合下发《关于加强房地产税收管理的通知》，开始对个人住房交易征收营业税，并开征土地闲置费。2006年后，进一步从土地增值税清算、二手房交易税收等方面抑制房地产市场过热。

③差别税率调整住房供应结构。2005年以来，随着房地产宏观调控力

度不断加大，中小户型为主的住房供应成为重要的政策取向，财政税收政策也与其相配套。从 2006 年开始，按经济适用房和非经济适用房征收不同税率的企业所得税，降低经济适用房的预计毛利率，降低经济适用房的税收成本。同时，经济适用房面积也明确为 60 平方米左右。廉租住房、经济适用房是近几年税收优惠政策的重点之一。

④规范交易稳定住房价格。重点是通过抑制投机消除对住房市场价格的干扰。2005 年 5 月国家有关部门出台了"个人购买不超过两年的房屋出售，缴纳全额营业税"的重要政策。2006 年又将 2 年的限制调整为 5 年。这一政策调整既抑制了住房投机，又避免了二手房市场价格的短期过快上涨。2006 年 7 月，国家税务总局发布《关于住房转让所得征收个人所得税有关问题的通知》，规定二手房交易过户前必须交纳个人所得税。这些政策曾短期内引起二手房市场波动，但长远来看对打击投机、稳定房价的作用是十分明显的。

⑤提高资源利用效率。改革开放以来，我国房地产税制就是从推进土地资源的有偿使用、避免浪费入手，逐步建立和完善起来的。近年来，集约用地、节约资源、规范程序的法律法规不断强化。1987 年 4 月，国务院出台了《中华人民共和国耕地占用税暂行条例》，把保护耕地置于更加突出的位置。

2. 现行涉房税制存在的问题

①税费种类多而杂。涉及房地产的税费随着经济社会发展的需要，各个阶段取消、整合一部分，同时又新设立一部分。目前涉及房地产的税种共计 10 种（有些文章讲涉房税达 12 种，包括了现在已经停止执行的投资方向调节税和城市房地产税）。其中直接以房地产作为课税对象的有 5 种（土地增值税、城镇土地使用税、耕地占用税、房产税、契税）。其他 5 种普通税如营业税、所得税、印花税、城建和教育附加税的征收范围都包含房地产。除税收之外，我国房地产业还有名目繁多的行政性、事业性、管

理性收费。

②税负不平衡。从房地产运行的阶段性来说，开发建设阶段税负最重，交易阶段次之，保有阶段最轻。对个人来讲，税负主要体现在房产交易和经营环节，保有成本很低。这就意味着多占资源可以不纳税。从现有税种设置来讲，主要是资源类和流转类税收，财产类税收所占比重很小。本来国家利用税收调节社会贫富差距的这一基本手段在这一环节消失了。而且这种税制进一步引导房地产业向开发成本高、保有成本低、购房门槛高的畸形方向发展。

③对房价影响具有双重性。一方面，对二手房交易征收营业税、所得税可以抑制因投机炒房而拉高房价；另一方面，提高二手房交易成本极易转嫁到房价中。受损害还是中低收入的普通群众。

④土地闲置现象难以控制。土地转让税负高、保有税负低，不利于土地流转。尽管国家出台了征收土地闲置费的政策，但是"费"本身就缺乏强制执行力，很容易受到各种"干扰"而难以落实。

⑤地方财政收入不稳定。因为大部分税源集中在房地产的开发交易阶段，一旦房地产过冷或萎缩，就会给地方财政收入造成很大缺口。

3. 住房保有税（物业税）缺失原因及不利影响

我国房地产税制中各种房屋保有环节的税负都很轻，自住房更是不属于任何税种的纳税范围中。近年来，这一状况与完善市场经济体制和稳定发展住房市场的矛盾越来越突出。有必要对其成因和不利影响进行剖析。

①缺失原因分析：

——经济体制的宏观背景。房地产保有税属于财产税类。计划经济体制时期个人财产十分有限，因而在一般情况下财产税没有存在的基础。随着我国社会主义市场经济体制的不断完善，我国流转税类现在已经比较合理健全。但是财产税类尚处于建立和完善过程中。与世界上大多数国家相比，我国财产保有和赠与环节的税收无论是制度设置还是调节作用都有很大差距。我国中层收入群体的个人资产尚处于开始积累阶段。财产税的设置不可能超前。

——房地产信息系统不完善。除少数城市和地区外，全国大部分地区没有形成完整统一的房地产信息系统。特别是个人住房的信息系统即使已经建立起来，也往往不完整，不准确。如果要开征物业税，必须要从基础信息抓起。

——调查研究缺乏系统性。设置住房物业税已经提出多年，但是当前对一些涉及的重大问题仍处于分散的、自发的研究状态，尚无一致性意见。例如，对名称和出台时间问题，曾经有"房地产税"、"不动产税"、"物业税"等不同提法；有尽快出台用于房地产市场调控的"快派"、待条件成熟再搞的"慢派"和先搞起来再相机而行的"顺其自然派"等不同观点。再如，住房保有税的实施过程中如何体现自用房屋和经营性房屋、正常旧房流转和专门投机炒房、房地产经济和住房公平等关系，都需要在广泛深入研究的基础上正确决策。

②物业税缺失对住房市场的不利影响：

——投机炒房难以从根本上遏制。2005年后为了抑制房价过快上涨，国家从严第二套、第三套房贷政策、开征住房交易营业税、所得税等措施起到了一定效果。但是这些只能是治标措施。保有税缺失，囤地、囤房现象就不可能根除，投机炒房仍然可以随时回潮，兴风作浪。

——住房差距与收入差距形成恶性循环，加剧了分配不公。高收入者多占住房实质上是对社会资源和公共资源的超额占有。税制上无成本、低成本持有住房，不仅使少部分社会成员追求豪宅的欲望膨胀，而且使多占住房、以房养房、以房生财越来越普遍，致使无房户、少房户越来越处于不利的地位。特别是在房屋租赁市场不健全、不规范的情况下，低收入者的居住权更容易遭受侵害。

——房价暴涨难以根治。住房市场上应保护的自住性需求、应控制的投资性需求和应制止的投机性需求无法从制度上区别对待。非正常需求掩盖了正常的有效需求，使住房越来越脱离居住这一本来属性，成为房价不稳的根本原因。

——宏观调控过度依赖行政手段。税收是调节经济关系的最有效手段。税制不完善势必造成宏观调控只能依赖行政手段，往往陷入头痛医头、脚痛医脚的被动应付局面。经济手段和法制手段缺乏，宏观调控就容易陷入"空调"、"乱调"的境地。

二、国外住房税制的若干特点

1. "高税负、高减免"调节住房差距

世界上大多数国家都把房屋财产税（物业税）作为保障住房公平的重要手段。多占房多缴税，住大房多缴税，这是天经地义的事。反之，在起征点以下的住房可以不纳税。一般公众在购买首套住房或改善性第二套住房时可以得到数量可观的税收减免（包括税收返还、税收支出等各种名目的开支）。

发达国家对住房的巨额开支主要来源于高税收。其中个人所得税和房地产税是主要来源。美国、加拿大等国个人所得税一般占职工工资收入的⅓左右。个人所得税占国家税收总额的比例美国达48.5%，加拿大41%，英国35%，北欧高福利国家更高。国外房屋财产税的征收范围很广，除宗教、慈善等机构之外，其余的不动产的所有者或占有者都是征税对象。美国联邦政府对住宅业的资助主要分为两类：一是直接支出，面向低收入者的公共住房、租房券等；二是"税务支出"，面向有房户、出租房投资者的税收减免。2004年，联邦政府投向住房的直接支出为300亿美元，而税务支出多达1200亿美元，比直接支出多3倍。税务支出中抵押贷款利息免税占60%，房屋财产税和第一套房出售免税占40%。从各国的实践来看，用房屋财产税来调节居民居住水平差距过大的效果是十分明显的，与个人收入所得税调节收入差距过大形成相辅相成的作用

关系，而且可以更直接地保障居住条件这一生存需求。

2. "高税率、严征管"预防投机炒房

美国房屋财产税率通常占房产价值的3%左右，具体由地方议会确定，也有的州市县仅征收1%~2%。最高的纽约市达到12%。新西兰和澳大利亚按年度评估价的0.3%~1%征收。新加坡自住房的税率为4%，其他类房屋为10%。韩国是以重税遏制住房投机的典型国家。房产税依据土地和房屋价值可达12%。2005年进一步对有关土地和房产的税种进行整合，成倍提高了税率。目前财产税和综合土地税达到房产总值的30%，第二套房达到50%，第三套房为60%。韩国在20年左右的时间内就把大部分农民成功地转移到城市，而且没有因为住房短缺而形成贫民窟和社会问题，其中原因之一就是重税使投机炒房无利可图，所建住房保证了居民的有效需求得到满足。当然税负过重引起近年来房地产业萎缩也是不可忽视的教训。房屋财产税与个人所得税一样，既是政府的重要财源，又是保障居民居住权的重要手段。因此，各国都依据国情制定了严格的信息制度、诚信制度及征管制度。住房价值按评估进行分类公告。有的国家一年评估一次，有的2~3年评估一次，也有的国家6年评估一次，2~3年调整一次。在信息完善、诚信度高的条件下，应当对所有者征税。在信息不完善时，也可以对现实占有者、使用者征税。对偷税漏税和欺诈行为则依法予以惩处。

3. "保有税重、交易税轻"促进房地产业繁荣

大多数国家在个人住房获得、保有、转让阶段都要缴税。例如日本，针对个人住房的不同情况设立的税种有遗产继承税、登记许可税、不动产税、法人税、固定资产税、城市规划税、土地税、房地产交易税、住民税9种。虽然名目繁多，实际纳税额最大的还是针对财产拥有的税（包括遗产税）。美国在出售第一套住房、改善自住房时，给予高达每人25万美元

的免税额。高换房率条件下形成的居民住房均衡需求,保持了房地产市场的经久不衰。这种"买得起房、养不起房"的制度安排引导人们很少拥有多余的房子,更不会囤房炒作。这与我国目前"买房高门槛、存房零成本"造成多占住房越来越普遍,囤房投机屡禁不止形成了鲜明对照。

4. 固定税率稳定地方财政收入

作为针对居民住房资产的税收,房屋财产税的税率必须稳定。不少国家房价起伏不定,市场忽冷忽热,但房屋财产税的税率和征收额并没有大的变化。因而,地方财政的收入也相对稳定。有的国家的房屋财产税依据房屋面积征税,税额基本稳定。有的国家虽然按现价征收,但也要按留有余地的公告房价征税,而且也保持税率相对稳定。美国征收的房地产税一般占联邦政府财政收入总额的14%,占州和地方收入的50%~80%左右。美国城市的市镇基础设施建设的资金来源主要依靠房屋财产税和建设债券。地方建设债券也主要依靠房屋财产税收进行偿还。因此,没有房屋财产税收,城市建设也就无从谈起。这与我国城市建设主要依赖"土地财政"形成了鲜明对照。从这个意义上讲,开征物业税也是对"土地财政"的一个制约。

三、关于出台房地产税(物业税)的几点思考

1. 出台物业税的时机已经成熟

2003年中国共产党十六届三中全会《关于完善社会社会主义市场经济体制若干问题的决定》提出:"实施城镇建设税费改革,条件具备时对不动产开征统一规范的物业税,相应取消有关税费。"五年来,有关部门有计划、有步骤地开展了各项准备工作,理论界也进行了讨论研究。特别是近年来房地产业快速发展,居民住房水平不断提高,为物业税的出台提供了坚实的物质基础。从各方面分析,已经具备落实中央提出的这一决定

的客观条件。同时，当前居民居住差距不断扩大、房地产市场不稳、深层次矛盾不断显露的新形势，也急需从完善税制方面对住房和住宅业发展提供稳定的政策环境和经济调节手段。因此，国务院决定由四部门共同研究推出"物业税"，既是完善经济体制、维护社会公平的需要，同时也是促进发展、应对全球金融危机的重要举措。

2. 选取适当名称

住房保有环节的税种，各国有不同的名称。对应的中文称谓目前也有"不动产税"、"财产税"、"房地产税"、"家庭税"、"物业税"等不同名称。中共十六届三中全会召开时，我国还有两部法律冠以"房地产税"的名称，可能是为了避免引起混淆，使用了"物业税"作为未来新税种的名称。近几年在准备工作阶段，这一名称一直延用下来。但是在正式出台时，应当严密论证选取适当的名称。如果正式使用"物业税"作为新税名，则不易为社会接受。主要原因一是传统中文中没有"物业"这一概念，而物业所指实物都有传统的"房地产"、"房产"、"地产"等多种词汇可以表达；二是"物业"一词从香港引进到内地时，所指范围已经发生了很大变化，现在我们讨论的"物业税"与香港的同一税种在含义上有很大差别；三是我国现在实行的"物业费"已经作为管理服务收费而被群众所广泛接受，如果再出台"物业税"，很多人会认为是税费重复，有加重群众负担的误解。因此，在停止执行原有的"房产税"和"城市房地产税"的情况下，只要在新税法中对有关内容进行必要的界定，完全可以使用"房地产税"或"房产税"的名称。既符合中文表达方式，又便于实行新老税之间的转换，也易于被社会大众所认知。如果考虑与国外名称的语义相近，则应称"房屋财产税"（house property tax）。

3. 合理确定"基本住房"的免税标准

房地产保有税必须要体现保护自住性需求、控制投资性需求、禁止投机性需求的立法精神,合理确定税率和起征点。对居民的基本住房实行一定面积的免税,是房地产税调节住房公平的重要体现。只要这一条落实,群众都会拥护这一新税种的出台和实施。至于免税面积定到多大,则应当按照正确处理公平与效率关系的精神,认真论证确定。初期可定为每人30平方米左右再加一定的宽限面积而起步,然后视发展情况而进行调整。

4. 建立信息、诚信、估价制度

我国现在各部门的管理和信息系统都已经比较健全。根据新税法的规定进行整合和完善,完全可以满足信息共享、诚信征集、房屋估价的需要,保障新税法的顺利实施。各级政府要发挥统筹协调作用,为税务部门与房地产主管部门共同完善信息共享工作,与金融部门共同完善个人信用资料征集工作,与房价监管部门共同完善房屋估价工作作出制度安排。部门之间加强协作,既可以节约行政资源,又可以保证税收的公平、公正。

5. 克服难点,消除"盲区"

私下转让交易和自发出租房屋以及"空关房"找不到所有者,可能是新的房地产保有税的征税难点。如果在这几方面形成"盲区",就会给投机炒房、多占住房、偷税漏税造成很大机会和空间。为此,新税法制定时要有针对性强的措施防止各种漏洞的发生。根据实际情况,征税对象既可以是房屋的所有者,也可以是实际使用者,防止因暂时理不清所有关系影响税法实施。对"空关房"经多次公告后仍找不到房主,欠税达到一定年限后,应当根据有关法定程序交有关机构进行处置,防止住房所含的社会资源和公共资源长期闲置浪费。

第八章 农民建房
——从自发式向社会化转变

- 改革开放以来，我国农村居民人均住房面积从1978年的8.1平方米增加到2007年的31.6平方米，增加面积超过城镇。三十年来农村建房总规模大约为160亿平方米，大大超过城镇建房数量。
- 农民近年来估计每年要花费建房开支2000亿元以上，但是在全国"有新房、无新村"是普遍现象。农民新建住房的生活配套设施和村庄服务设施都不配套。房屋安全、质量隐患多、使用年限短。这些问题只有通过规划、设计、施工管理、金融服务职能下乡进村，即通过社会化的方式才能解决。
- 搞活宅基地使用权流转、置换和农村建设用地使用权流转，是搞活新村建设和住房建设的基础。在依法确权、流转的同时，要坚决杜绝"小产权房"对城乡建设的危害。
- 在土地流转的基础上，发展农村住房与宅基地、建设用地的抵押贷款服务，突破信贷进村的障碍，是新型村庄建设的基本条件。

一、我国农村建房现状

在计划经济时期，从事农村工作的同志都熟悉一句口号，叫做"先治坡，后治窝"。意思是要大家一心一意搞农田基本建设，发展农业生产。至于居住条件的改善，那是将来的事情。这种观念一直影响到现在，重视"三农"虽然一直是"重中之重"的大政策，但是各级政府和各职能部门指导农村住房工作的文件和实际部署都很少。在写作这部分内容时，很难找到系统的资料和文献，只能凭经验和零星材料写一些直观的意见，希望能够引起重视和研究。

1. 二元结构下农民自发自助式住房建设

改革开放之初，我国农村居民的住房面积比城镇居民略大，但功能与质量更差。1978年全国农村居民人均住房面积为8.1平方米，比城镇居民高0.5平方米。在国家把住房条件列入基本小康的指标后，

各级政府开始积极组织和指导农民自力更生地开展住房建设，在一无补助、二无贷款的情况下，靠农民家庭的资金积累和邻里帮工，迅速改善了居住条件。到2000年，农民人均住房面积达到24.8平方米，大大超过了15平方米的小康标准。一般村庄自来水通到户，有的还用上了燃气灶，但是住房的安全性、成套性都很差。功能齐全、设施配套的农民住房很少。进入新世纪以来，农民建房速度继续以每年人均近一平方米的速度增加，有的规划设计精良的农村社区已与城镇社区没有什么差别，但大部分农民住房仍停留在无规划设计、无质量标准、无安全监管的自发建房状态。不少农民在改革开放之初建泥草房，90年代建砖瓦房，进入本世纪后再建楼房，往往出现一户农民三代住房并列，但功能基本差不多的怪现象。在政府引导和市场机制都缺失的情况下，农民自发建房造成的低效率和高浪费

现象十分普遍。

据统计，2007年农村居民人均住房面积达到31.6平方米，比城镇居民多3.6平方米。按现有农村人口计算，农村居民住房总量大约达到228亿平方米，比1978年的同一指标多约160亿平方米。考虑到农村建房的实际花费情况，自己解决的本地原材料和邻里换工不计入建造成本，每平方米按200元计算，估计改革开放后的30年间农民建造的住房总投入达到3.2万亿元。按现有农村人口计算，每人花费了4400多元。在此我们不得不感叹中国农民的伟大创造精神，在基本没有外来资助的情况下，在如此短的时间内把住房问题解决到同类发展中国家农民住房的最好水平。

2. 新时期农村建房的新类型

当前，我国农村建房仍然沿用自我积累、自发建设的传统方式，但是在少数发达地区和国家安排的大型建设项目集中实施的地区，地方政府也开始组织统一的规划和建设。新型建房在各地的种类和名称各异，有生态移民、水利移民、扶贫移民、农村社区、撤村并镇、牧民定居、猎民定居、城中村改造、农村安居园等等。归纳起来主要有以下几种类型。

①集体统建统管：20世纪80年代农村改革时有个别农村土地、农具、村办企业都未承包到户，保留集体统一经营模式。经济发展到一定程度后，由村集体为村民统一建造住房。代表性的有江苏省华西村、河南省南街村等。在出任村领导的"能人"带领下，抓住当时大办乡镇企业的机遇，迅速使村集体富裕起来。这些村的居住区仿照城市住宅小区规划设计，由村集体统一出资建设，对村民无偿或低偿分配，由村集体统一管理。这类村经济结构已经转为以二、三产业为主，劳动就业以非农产业为主，农民住房的户型、面积、成套性、功能性及居住区环境与城里居民没有什么差距，按通行的城镇化的概念应当属于小城镇，即已经完成了就地城镇化或内生城镇化的演变。但是在我国现行城乡二元管理体制下，仍然是按农村进行管理的。

②农村社区建设：经济发达地区在推进"两个率先"（率先实现现代化、率先建成全面小康社会）和城乡一体化过程中，对村庄进行科学规划，拆村并点，统一进行供水、排水、供气等公共设施和住房的配套建设。村民原有宅基地重新进行整理，一部分集中后进行新社区建设，一部分复垦增加耕种面积。住房分配既考虑原居住条件，又合理满足村民扩大面积的要求，实行低价优惠分配。

③移民建村（扩镇）。结合国家安排的生态治理、扶贫开发、水利移民等工程，对涉及的村民进行整体搬迁，到生产条件好的地区发展种养业，或到小城镇周边从事设施农业或二、三产业。一方面一次性地改善了生产生活条件，另一方面彻底消除了粗放经营对生态环境的破坏，是一举多得、立足长远发展的建设模式。新村的设施配套和住房建设的标准根据资金条件有所差异，但是最低水平也要通路、通自来水、通电，生产生活条件特别是住房条件与原居住地相比，有了根本性的改善。

④城中村改造：改革开放三十年来，我国城市化水平从18%提高到2007年45%。城市建成区面积扩大到5.6万平方公里，增加了大约7倍之多。大批村庄变成了"城中村"。根据各城市采取的政策和工作方式不同，城中村通常有3种发展结果：一是在城市统一规划的项目带动下，实行"村改居"，土地由城市政府统一征用，拆迁的住房按面积和补偿标准供给至少一套住房，农民完全按市民统一对待，原村委会改为居委会，原村办

集体企业改为股份制后继续由原集体经济成员分享经营收益。二是村集体自我进行城中村改造。原来村的建制不变，由村委会主持新村建设。这种办法的好处是可以调动村民的积极性，不必要等待有大

型开发建设项目才能带动旧村改造。但是其存在的问题也是十分严重的，有些是今后也难以处理的。如：在城区中保留"村"的建制，形成一城两制，给社会治理结构和行政管理带来很大难题。再如基础设施与市政管网不衔接，村委会自办供水、供热、排水、街区管理等，浪费资源，增加污染。还有，村委会自主进行土地使用，脱离城市用地规划，村民凭借土地所有权掌握在村集体手中的条件，热衷于住"农民别墅"，不仅浪费土地资源，而且造成长远的管理困难。还有的村盖"小产权房"卖给城区的市民，留下更大的社会隐患。三是维持现状。既没有项目带动改造，又没有经济力量集体改造的城中村，在维持现状中等待。有的村等了十几年也没有改造的机会。有的城市把农民的耕地征用完了，但是因为担心拆迁引起矛盾，把农民宅基地原封不动地保留下来了。有些村民乘城乡都管不了的机会私搭乱建，见缝插针盖出租房租给进城打工人员，有的把整个庭院拆除后盖成筒子楼出租，以致出现环境脏乱差、社会不稳定、安全隐患多的混乱局面。

⑤中心村庄建设：部分地区按照城乡一体化规划或村镇体系规划，确定中心村庄。在此基础上，对中心村庄进行修建性规划，按照规划一次性到位、公共设施先行配套、农民住房逐步建设的思路，推进新型村庄的规划建设。有的地方结合农村产业结构调整进行，有的地方搞撤村并建或撤村建镇，有的作为村庄整治的一种形式进行推广。例如贵州、山东等省的一些市县，结合社会主义新农村建设开展村庄整治和建设已经达到一定规模。

3. 村庄规划

国务院早在1993年发布了《村庄和集镇规划建设管理条例》。但是在实践中宣传和执行的力度都不够，很多从事农村工作的党政干部都不知道有这样一个指导村庄规划建设的重要法规。严格地说，我国至今都没有进行过全面系统的农村空间布局和村庄建设的规划。这一点也反映出城乡二元体制下对农民居住条件的忽略。2007年,我国原来的《城市总体规划法》修订为《城乡总体规划法》,说明村镇规划和建设已经在国家法制的层面上上升到与城镇同等重要的地位。

尽管关于农村总体规划的法律出台较晚,但是一些单项规划和一些地区性规划还是在陆续展开。近几年国家有关部门组织实施了县域村镇体系规划。各地结合中心工作,有选择地开展过一些局部地区的有关村庄建设的规划。内蒙古自治区在2003年部署开展了"大中城市主城区周边城乡一体化规划",历时5年,于2007年全区14个副地级以上城市全部完成。该项规划的主要目的是将城乡结合部的农村按城中村、城边村、城郊村三种类型分别规划,然后城中村按城市化要求纳入城区规划建设,城边村按新型农村社区规划建设,城郊村先启动中心村庄规划建设,吸引农民相对集中居住。随后于2006年全区启动了县域村镇体系规划,逐步改变农村建设无法无规可依的状态。海南省在2005年编制了全国首个省级"城乡总体规划",把全省的"城市——城镇——集镇——村庄"进行统筹规划,既达到体系规划的广度,又达到总体规划的深度,为城乡空间统筹布局、统一规划开了先河,提供了经验。

4. 农村住房建设存在的主要问题

①只建新房,不建新村。村庄是农村各项产业布局和经济社会发展的依托,也是公共设施建设和住房建设的依托,必须先规划、后建设,才能符合科学合理和长远发展的要求。但是,现在真正按规划建设的村庄很少。"有新房、无新村"是全国农村的普遍现象。有些村庄的农民住房从外观看豪华漂亮,但公共服务设施无法进户,居住条件很难有实质性的改善。

②建筑施工管理滞后。农民住房换了一茬又一茬,但经过正规设计的寥寥无几。大部分都是请来工匠模仿别人家的样子照着盖房,不仅外观雷同,毫无特色,而且质量、结构、安全性都不保证。有的在修建过程中即

出现安全事故，有的偶遇一般性地震即造成伤害。农村环境污染、资源浪费等现象更是主管部门鞭长莫及的事情。

③土地管理混乱。突出表现在宅基地的管理方面，在取消对农民收取宅基地占用费后，多占宅基地变为零成本。加之管理部门的疏漏，好多地方宅基地处于失控状态。一户多宅的现象相当普遍。我国近十多年来随着城市化推进，农村人口减少了1亿多人，但农民宅基地的数量却增加了几百万公顷。因此，乱占宅基地已成为冲击耕地保护"红线"最大、最直接的决口。"小产权房"的泛滥更是反映出农村土地管理的混乱，造成的经济、社会、环境隐患更为严重。

④金融服务空白。在目前的二元体制和政策环境下，农民修建住房不可能有机会得到金融部门的支持。农民只能靠自我积累和邻里帮工建造房屋，资金的缺乏导致建设标准不高，安全不保证，服务设施更难配套。农民往往是积累的钱多一点了，就再盖一次新房，但是因资金不宽裕，还是不能一次达标。因此，不少农村住房使用年限不到10年就拆除或废弃而重新建房，重复建房浪费了大量的资金。农村住房缺乏金融支持的原因是缺乏抵押物。宅基地不能流转，住房就不值钱，金融部门也无从进行抵押贷款的服务。

⑤城中村改造启动难。不少村民已在城中工作生活多年，但是身份仍然属于农民，难以享受现代城市居民的居住条件和社会生活。城中村改造滞后的原因，有的是因为缺乏开发建设项目带动，有的是因为土地征用指标的限制，更重要的原因是在体制上没有把城乡结合部的发展摆到重要位置上，二元管理体制既制约了城市的壮大，也制约了农村的发展。

二、美国、韩国对农民住房的资助

1. 美国：以抵押贷款支持农村低收入家庭住房

美国现有农村人口占美国总人口的20%。美国政府对农村住房主要通过抵押贷款的方式进行资助。
20世纪60年代初,为了挽救建筑工业,刺激经济摆脱萧条,美国政府开始大量投资农村中低收入者的住房建设。1962年,联邦议会专门针对乡村出租房的开发建设设立了"515条款项目"。项
目的主要内容是为开发商提供为期50年、利率1%的贷款。大约有75%的515条款项目同时接受其他项目补助,以便使房租不超过收入的30%,以减轻租房户的租金负担。低收入户租用515条款项目住房时,又分为两种情况:收入不超过地区平均收入50%的住户,可以得到额外的租金补贴;超过50%而未超过80%的住户可以租用,但不予补贴。

1979~1985年是515条款项目实施的巅峰时期,平均每年的项目资金达到9亿美元。以后逐渐减少,但是一直在继续执行。90年代中期以来,每年的项目资金在1.15亿美元上下浮动。从项目设立以来的40多年间,515条款共资助了52.6万套住宅建设。由于大多数项目规模较小,平均每个项目只有27套住宅,分散经营和维修成本较高,因而联邦政府后来又设立了若干个补助项目,帮助开发商解决运营资金不足的问题。地方政府还从税收补贴等方面予以补助。联邦和地方政府的共同目标始终是保持农村低收入家庭住房的廉价性、耐用性和经济可持续性。

2. 韩国:为农民在城里建房

韩国政府从20世纪70年代初开始,从向全国3.3万个行政里(村)平均每村发335包水泥开始,试探新村建设运动。随后,对成功的村连续性地扩大支持范围,从帮助维修房屋、修建道路,逐步扩大到公共设施和教育、文化、技术推广等范围。最终形成全国性运动。80年代韩国正式为新村运动立法,就其性质、组织关系、资金来源等做了详细规定。资助的重点转向了教育和公共服务。随着城市化的加速,农村人口从占全国总人口的一半左右,降到目前的10%左右,城乡居民的收入差距越来越小。有些年份城乡居民收入已基本拉平。可见,只有把农村建设与城市化同步推动,才能实现城乡一体化。韩国的新村运动包括农村环境、住宅、公共设施、农业生产、农村金融、农民教育、农民协会、民主参与等广泛内容。其中改善农户住房条件是始终都关注的重点之一。1971年,韩国250多万农户中约有80%住在茅草屋,到1977年,全国所有的农民住房都换成了瓦片和铁皮屋顶。随着道路的改善,水泥、钢筋等建筑材料的运费大大降低,农民开始自建新屋,政府给予贷款支持。但是从现有的资料看,韩国政府并没有在农村大量投资建房,而是在城市里为进城农民大量兴建公共住房。韩国在20世纪80年代和90年代建造了500多万套住房,其中有200多万套为政府投资的公共住房,其间正是城市化高速发展、农民大量进城时期。这种"在城里为农民建房"的思路,值得我们在推进城乡一体化的过程中研究和参考。

三、农民住房建设的若干思考

1. 农民建房社会化势在必行

所谓社会化就是摆脱农村建房自我积累、自发建设的小农式作法,转变为科学规划、有序建设、金融支持、社会化服务的现代模式。其意义在于:

一是使农民的财产加快积累,减少损失浪费。住房本来是百年大计的恒产。但是回顾近30年自发式建房的历史,不少地方经历了三、四次建房高潮,农民只要有点资金积蓄,就随意建、随意拆,不少房屋的寿命仅有10多年。这种状况不改变,农村现代化就不可能实现。

二是提高住房的质量、性能和安全标准。抓住社会主义新农村建设的

机遇,在新一轮住房建设浪潮中,使住房成套性、安全性、舒适性、坚固性,达到城镇住房的一般要求,防止再出现大规模的拆除重建和留下安全隐患。

三是提高社会资源的利用效率。目前农民建房的总量每年达6~8亿平方米,规模远远超过城镇。每年用掉农民的可支配收入大概在2000亿元上下。这些资金如果结合社会化的住房金融的形式合理使用,可以放大许多倍,农村建房及其配套建设缺钱的问题就可以迎刃而解。农村人均占用建设用地超过城镇1~2倍,但是人居环境和住房条件的差距却相差甚远。只有通过社会化管理,才能开展公共设施建设、改善农村环境,节约土地资源,使村庄整治、住房建设、经济社会发展同步推进。

2. 村庄建设要规划先行

——以村镇体系规划确定空间布局和建设规模。集镇和中心村庄是农村建房的主要依托。建在哪里,如何布局,以多大规模筹划建设,都要按照县域经济发展的科学预测和当地经济、社会、自然条件进行合理规划,并且要与城镇化进程相衔接。现在发达国家的农村人口一般只占10%~20%左右。韩国在新村运动实施过程中,大部分农民进了城。我国作为人口大国,即使城镇率在本世纪中叶达到70%以上,农村人口也要保持5亿左右。但具体到每一个县域和村镇能保持多少农村人口,则完全取决于当地条件。现在各地农村既存在着人口大部分外迁的"空壳旧村",也存在着外出打工农民每年只回乡短暂居住的"空壳新村"。通过科学规划,这些有悖于科学发展的问题都应得到合理解决。

——以总体规划指导公共设施配套建设和功能区域的合理划分。供水、排水、供气（包括沼气）、垃圾与污水处理等公共服务设施一步规划到位，因地制宜适时启动配套建设。居民住房采取独户分建式还是多户统建式，也要根据具体情况作出规划，防止乱占土地和私自乱建现象再发生。

——以建筑设计和质量监管确保住房的安全性和成套性，并形成风貌特色。我国农村建房现在处于传统工匠已无用武之地，合格的施工队伍又没有形成，质量和安全隐患普遍存在的混乱状态之中。特别是缺乏抗震设防意识。一遇灾害即酿成惨重损失。此外，追求环境与住房美观是现代人的共同追求，但是只有在科学设计和规划的基础上才能保持理性，避免奢华与不必要的浪费。

3. 土地流转注入村庄建设新活力

农用地流转可以启动农业现代化。宅基地和农村建设用地流转可以启动新村庄建设。中国共产党十七届三中全会对农村土地流转提出了明确的指导方针。当前应出台具体政策，把农村土地流转这盘棋走活。就农民建房社会化的要求来说，当务之急是在依法确权的基础上，把宅基地使用权和建设用地使用权有条件地流转起来，吸引各种社会资源下乡进村。宅基地使用权还应当在一定范围内置换，把农村发展与城市化用地对接起来。

4. 启动发展农村住房金融

在搞活宅基地使用权流转和置换的基础上，发展农村宅基地和住房的抵押贷款业务，使农村居民也同城市居民一样，借助金融支持，加快改善住房条件。在搞活农村建设用地使用权流转的基础上，发展农村公共设施配套建设的金融支持业务，加快社会主义新农村建设。

5. 创新体制，降低农民建房的社会成本

实现农村建房的社会化，必然引起有关政府职能要向下延伸。但是，

如果现在城镇土地管理和房地产管理的几十项税费都搭车延伸到农村,那就无异于把农村建设扼杀在摇篮之中。要从统筹城乡、科学发展的高度,以扶持和服务的精神来行使政府职能,支持农村建设,减轻农民负担。

阅读材料一:联建推动农房重建

四川都江堰市在灾后农房重建中,探索集体建设用地流转方式,吸引社会资金投入,不仅较快地改善了受灾农户的居住条件,还为今后的生产生活预留了发展空间。

都江堰市共有12万农户受灾,7.7万户房屋严重受损或倒塌,需要重建资金100多亿元。面对艰巨的重建任务和巨大的资金压力,都江堰市探索集体建设用地流转政策,支持农户将符合规划的剩余宅基地交给集体经济组织,与联建户签订协议,吸引社会资金参与到永久性农房重建中来。大观镇茶坪村受灾村民王全,是灾后重建新思路的第一个践行者和受益者。王全与一位张姓企业家达成永久性农房联建协议:王全拿出223平方米宅基地,张先生出资50万元,施工修建两栋共计408平方米的永久性农房,然后再按相关政策办理权属分割,其中王全拥有238平方米产权,张先生拥有170平方米产权。王全的联建房是在去年7月4日开工,10月份入住。目前全市已有9000多农户加入住房联建。

对于不愿意与他人分享宅基地的受灾农户,都江堰市创造了农村产权"抵押贷款"的方式缓解他们在农房重建中的资金压力。都江堰市政府在成都市的支持下,成立注册资金为2个亿的农村产权担保公司,为农户利用农村产权贷款作担保,每户可以贷款6万元,政府给予部分贴息。

地处著名景区青城后山的大观镇茶坪村,村委会要求每户联建房都要预留出一两间带卫生间的卧室,以备之后开展乡村旅游时作为接待用房。灾后重建结束之后,农民的生活条件不仅大大改善,传统的生产方式和收入来源也发生重大改变。村上35户与一家企业的职工进行整体联建。根据协议,联建方不仅要为他们修建住宅,还将为村里修建一个乡村酒店。

整个工程预计今年5月完工。

由于创新了融资方式,都江堰市灾后永久性农房重建进展非常快,到目前,需重建的61624户农中已有38426户开工,15274户竣工,轻度、中度受损农房维修加固在去年底已全面完成。

(原文载于《人民日报》2009年9月20日,本书收录时有删节)

阅读材料二:贵州遵义"新农村建设"春节见闻

新华网贵阳1月28日电(记者李忠将)"坡面屋、小青瓦、穿斗式、白粉墙、雕花窗"——春节期间,记者穿行在"四在农家"发源地贵州遵义市余庆县农村,随处可见一栋栋挂着红灯笼、贴着红春联的"黔北民居"风格的农家小楼掩映在青山绿树之间。

8年时间,"四在农家"建设已在黔北到处开花,255万名农民在活动中受益。

在构皮滩镇太平社区杨柳堂村民组,记者走进村民姚启明去年落成的二层小楼,室内宽敞明亮,沙发、床和彩电都是新添置的。

姚启明告诉记者,他家共5口人,去年加上政府的补贴,共花14万元建起了这栋新房,"建房政府给补贴,哪朝哪代能摊上这样的好事?"

现在,杨柳堂村民组60户人家,有57户新建或改建了"黔北民居"。过去杨柳堂村里土路泥泞不堪,房屋破旧,到处脏乱。开展"四在农家"创建活动,政府共出资100万元,农民投资投劳折合1100万元,对全村进行了通水、路、电、电话、电视的"五通"建设,和改房、灶、厕、圈、环境的"五改",及建沼气池、垃圾池、图书室、文体场所、公示栏的"五建",全面提高了村庄的综合生活质量。用村民的话说,就是"走路不湿鞋,吃水不用抬,做饭不烧柴,村寨靓起来"。

走进赤水市大同村,记者看到,除了绿树掩映灰楼的一派江南水乡风光外,还有漫山遍野的翠竹。曾经因为不通公路,山里的竹子和无污染的农产品运不出山,农民"守着财富过着穷日子"。在"四在农家"创建活动中，5公里的山村公路修通了。村民罗显福说："果商开车到家门口收购，柑橘和竹产业每年为每户增收至少千元以上。"

据了解，到2008年底，遵义市"四在农家"创建点达5500多个，覆盖232个乡镇（街道办事处）、1300多个村，有62万农户，255万农民受益，占全市农村人口总数的40%左右。

"文化墙"、"美术街"、"诗词碑"和"格言牌"，在遵义农村处处可见，农民乐在其中。尊老爱幼、邻里和睦、勤俭持家的美德，在黔北农村到处弘扬。（本书收录时有删节）

第九章 职能与机构
——强化政府主导

- 我国住房体制经历了计划经济时期政府统管包办、改革开放以来向市场化转变的两大历史阶段后,目前进入了全面构建"政府主导+市场机制"新体制的时期,标志着我国住房制度已经基本成熟和完善,房地产业正在迈入持续健康发展的轨道。

- 强化政府主导作用,既是中国特色社会主义制度的内在要求,也是由住房市场自我调节失灵的现实所决定的。没有政府主导作为支撑,住房供给和消费的动态平衡关系既不能建立,也不能维持。在价格失真、供求失衡的情况下,如果没有政府宏观调控,住房市场就不可能正常发展。

- 各国议会和政府都对住房问题给予密切关注并强化职能作用和机构建设。决策权集中、执行层有序、金融与专业服务配套,是各国住房管理体制的共同选择。这对解决我国住房管理体制存在的决策协调功能不强、行政职能分散、服务体系不健全等问题提供了借鉴。

- 政府职能的主导作用既要体现在住房保障方面,也要体现在市场监管方面。日本和我国香港只管保障、不管市场(即所谓保低不限高)而造成房地产市场大起大落和持续低迷的教训值得引以为鉴。

● 当前政府对住房管理职能的缺位主要体现在立法执法、保障公平、完善税制、价格监管、农村住房等领域。只有在这几个方面全面地完善政策和加强执行力，房地产调控才能避免陷入"空调"的局面。

一、我国住房管理现状

1. 行业行政管理

计划经济时期，政府和单位包办了住房建设、分配、维护、管理的所有事务。这种管理体制历经三十年的结果是：人均住房面积越来越小，房屋越来越破旧，分配不公的现象越来越突出，住房观念的依赖性越来越严重。我国进入改革开放新时期之后，在住房制度改革探索10年、试点10年、全面推开10年的过程中，一直把市场化取向作为改革的核心，取得了巨大成功。但是随之而来也出现了政府职能弱化和行政权力分散的现象。主要表现在：政府职能与市场  调节的关系没有规范，政府监管缺位、越位的现象经常发生；管理房地产的职能部门多达十几个，各种管理职能分离，关系不清，经常发生政策碰撞的现象；各级政府住房委员会的机构和职能不健全，对各部门的协调作用十分有限；住房保障制度滞后，资金不落实，居住水平的差距越来越大；城市政府住房管理职能分散、软弱，有的连机构与经费都不能保证；涉及住房工作的横向、纵向条块关系缺乏规范，影响行政能力的有效发挥。

2. 住房法制

从法制意义上讲，我国的《土地管理法》和《房地产管理法》催生了我国的房地产业。这两部法律可以说在历史上功不可没。但是这两部法律是管整体房地产业的，对其中大众关心的住宅类房地产却没有专门条款，因此无论是土地市场，还是房屋市场，都缺乏针对住房问题的严密规范，急需制定"住宅法"进行专门规定。涉及住房问题的廉租房、经济适用房、住房公积金三大块直接归属于政府职能的工作，由国务院颁布了相应的条例和办法，出台时间是及时的，但是在相当长的时间内执行不力，落实情况不好。例如：住房公积金覆盖率低、运用率低、一度挪用严重的现象几乎在全国普遍存在。有些规定事项的调整随意性强，例如经济适用房从供应"中低收入家庭"调整为"低收入住房困难户"，只用发"通知"的方式就改变了。调整过勤、程序不适当，造成下面执行措施多变，导致运行紊乱。把本来属于互助、自助性质的公积金由消费性资金改变为投资性资金，准备拿出来搞保障房建设也是如此。住房消费的最大资金依托——住房金融则完全靠主管部门发文件拟定规则，没有法律、法规作为依据，随意性强，对脱离民生目标向投机炒房提供贷款的行为缺乏法制约束。政府调控房地产市场最主要的两个手段——房地产保有税和价格监管，也没有制定相应的法制来进行支持和规范。

3. 住房金融监管

在住房体制改革过程中，我国形成了央行和银监会两部门共同监管商业银行的住房金融；建设部、财政部、央行三部门共同监管住房公积金的制度。我国住房金融的发展速度快、运行安全，说明监管制度是符合国情的。当前住房金融存在的最大问题是普通群众购房时常常会遇到贷款难、门槛高的障碍。住房消费贷款缺乏稳定的制度性保障。对个人住房贷款不适当的高估风险，经济调控目的排斥住房民生目的，从而排斥了正当的住房消费是普遍现象。住房金融监管只顾风险防范，不顾住房权利平等，不符合法制社会公共政策的精神。

4. 住房价格监管

制止房价过快上涨一直是近几年房地产宏观调控的首要目标，实践中也取得了房价从暴涨转向平稳的调控成效，但是也付出了过度使用行政手段和信贷收缩过猛的代价。我国至今尚未形成对房价进行合理干预的制度性安排。现在定期公布部分大城市的房价指数有一定的引导和警示作用，但是离主动地平抑房价过快上涨、建立科学合理的价格形成机制还有很大距离。对争论较多的公布房屋建造成本的问题，亟待在总结国内外经验教训的基础上，达成共识，把这一政府平抑房价的有力手段运用好。住房市场失灵来自价格失真；信息不对称的住房市场不能没有政府调控。只要对这两点没有异议，公布住房社会平均成本也就能在基本面上统一认识。至于如何操作才能不损害市场机制，那是另一个层面应考虑和解决的从属性的问题。

二、若干国家住房管理特色

1. 美国：议会决策，政府执行

美国从干预住房市场一开始，即由议会充当决策者的角色。根据1934年《国民住宅法》设立的联邦住房管理局，其职能在住房建设方面主要发挥融资和公共住房管理运营的作用；在住房消费方面主要发挥购房抵押贷款的担保和租房事务管理的作用。其后，议会又通过法案设立了专门收购抵押贷款的政府支持企业（房利美、房地美、吉利美）进行证券化、再融资。从这里可以看出美国的住房管理机构设置和职能发挥都是围绕资金市场和住房市场而设计的。上世纪30年代开始设置成形的这套住房机构一直沿用至今。在不同时期，还有一些机构如退伍军人管理局、老年人管理局、农场主管理局等参与住房管理。此外，常常还设立各种委员会完成议会提出的特定任务。为了加强议会决策在政府工作中的贯彻执行机制，1965年美国又设立了住房和城市发展部，作为政府住房管理系统的主管部门，进一步加强了对公共住房、社会住房、灾害援助、特殊人群住房、社区发展等方面的政府职能。美国在住房方面所有涉及的住房权益、资金运作、金融服务等事项都要由议会决策，然后有关机构才能运作，所以美国议会关于住房工作的法案数不胜数。

美国住房管理与服务机构

决策层：议会
　　　　参议院银行、住房和城市事务委员会 ⎫
　　　　众议院相关委员会　　　　　　　　 ⎬ 决策工作机构

执行层：住房与城市发展部
　　　　（23个内设机构均为住房及相关社区发展而设）

管理服务层：联邦住房管理局（建设公共住房、担保抵押贷款）
　　　　　　房利美（联邦住房贷款协会）⎫
　　　　　　房地美（联邦抵押贷款公司）⎬ 房贷二级市场
　　　　　　吉利美（国民抵押贷款联盟）⎭
　　　　　　退伍军人管理局 ⎫
　　　　　　老年人管理局　 ⎬ 辅助管理机构
　　　　　　农场主管理局　 ⎭

美国住房管理的最大特点是从议会到行政再到服务的纵向体系融为一体，具有强大的执行功能，并与"自由市场"的活力形成相辅相成的关系。这与我国住房管理体制"横向发达（管理部门多）、纵向薄弱（法制和服务缺乏）"形成鲜明对照。

2. 日本：政府主导，社会参与

日本于1949年成立建设省住宅局，作为政府总管住房政策、计划、投资、建设的机构。五十年代初期连续就住房金融、公共住宅、社会住宅进行了专项立法，政府对中低收入家庭的住房进行了有力的保障和市场干预。迄今为止，日本关于住房方面的立法主要在三个层面上对住房保障和市场运作进行规范。一是综合性法律体系，主要涉及行政、金融、产业方面的机构设置、政策规定等。二是执行层面的法律体系，例如住房建设计划、土地规划、住宅供应等。第三类为住宅技术、标准方面的法律法规。完备的法律体系使住房涉及的所有问题都在法定的规范内解决。具体管理事务由政府和社会组织承担。日本面对中低收入群体的住房运营和管理由负责投资的中央金融公库、负责地方住房的公营住宅以及负责大城市的建房公团三个机构运行。

3. 新加坡：政府统管，市场化运营

新加坡1960年根据《房屋发展法》，成立了建屋发展局，专门负责公共住房的建设、分配、管理，并负责按商品化经营的原则自主经营，自负盈亏。新加坡的"居者有其屋"计划每五年制定一个实施计划，具体由建屋发展局实施。新加坡政府对住房的管理无论是广泛程度还是具体程度，都是其他国家无法相比的。例如对组屋申请人资格的审查，从公民权、私有房产情况、按人口核定的家庭收入情况、组屋出租、出售以及退旧购新等做了详细规定，逐户进行核实。1974年新加坡政府成立了住房和城市发展公司，把中高收入阶层的住房建设和供应也控制起来了。通过这两个机构，新加坡政府垄断了大部分住房市场。

与计划经济国家由政府包办不同，新加坡政府统管住房是与市场交易

相结合的,目的是为了使大众都能"拥有"住房。让居民买得起房是"居者有其屋"计划的核心目的所在。新加坡政府把住房职能概括为三点:一是资助居民购房,提高居住水平;二是使组屋升值,增加财产性收入;三是套现养老,帮助老年人出售大型组屋购买小型组屋,套取现金养老。这三项职能只有通过高效的市场化运营才能实现。

三、我国应加强的住房管理职能和机构

1. 加强住房法制建设

当前需要尽快立法的一是住宅法。这一立法的目的在于加强住房保障,规范住房市场秩序,促进住宅业的持续健康发展。二是房地产税法。这一立法的目的在于通过出台保有环节的税制,对多占住房、豪华住房适当课税,遏制浪费资源和投机炒房行为。三是住房消费信贷法,规范居民的住房抵押贷款,改善金融服务,防范金融风险。

2. 加强住房保障职能和机构

我国住房保障的框架在 1998 年推出住房分配货币化改革方案时已经同时出台。但是运行 10 年的时间后,对低收入家庭住房保障的成效远远赶不上住宅经济的发展。随着落实科学发展观和构建和谐社会的推进,消除住房差距拉大的任务需要迎头赶上。国务院在去年机构改革时已经加强了住房和城乡建设部关于住房保障工作的机构设置和工作职能。但是相关部门和地方政府的机构与职能亟待加强。特别是城市政府对住房保障工作

无论是职能、机构、人员,还是保障资金的筹集与管理,都需要大大加强。在落实住房保障制度过程中,政府管理的公房即廉租房越来越多,但是不少城市原来的房管局已经撤并或脱钩,还有不少是自收自支的事业单位。显然,靠收费维持运转的机构难以管好"只有工作任务、没有固定收益"的廉租房。

3. 强化房价监管职能

亚洲不少国家在上世纪放纵房价以致经济长期低迷的教训表明,对住房市场不能不进行监管;计划经济时期管得过死的教训也表明,住房市场必须要保持活力。价格监管和搞活市场如何结合是世界性难题。我国近些年房价理论方面的研究和争论非常活跃,但是在工作实践中还没有形成有效调控房价的机制和方法。这里只对平抑房价的部门职责与操作方法提出几点看法:

一是物价部门要继续完善现行定期公布房价指数的方法,更加灵敏、全面地反映房价动态,对房价异常上涨的城市予以警示;

二是土地管理部门要公布住宅用地供应价格信息,供购房者在选择住房时自行估算房价的参考。

三是房地产业主管部门要定期公布本辖区内各类住宅的平均成本,作为有关部门调控住房供求动态平衡关系的依据之一,同时供社会大众参考。

四是房地产开发商在出售房屋时要客观公布性能、价格的相关信息,增强市场信息的完整性和透明度。各主管部门相应要加强监管机构建设,及时向社会提供准确的价格参数和信息。特别是城市的住房平均成本是房价监管的基础,应成立专门的工作机构完成信息的收集、测算、公布和反馈工作。

4. 加强农村建房的支持和指导

政府对农村建房的支持与指导主要从以下几个方面加强:一是规范土

地资源管理。特别是对宅基地要在确权的基础上落实流转政策。二是尽快完成村庄规划工作。未经规划的村庄暂停一切建设活动,切实做到先规划、后建设。三是尽快把房屋建设的质量、标准和抗震设

防的管理工作开展起来,把质量与安全作为农村建房的先决条件。四是开展住房建设的抵押贷款服务,解决因资金不足而屡建屡拆的问题。上述前三项都是政府职能,而且权力都在县级政府部门,但是要真正地把农民建房工作抓起来,必须将职能和机构都要向乡镇延伸。有些工作可以指令乡镇政府完成,大量的日常工作则需要设立乡镇房地产管理中心来完成。农民建房的金融服务应由国家出台相关政策,由县城金融机构执行。

5. 建立条块结合、职责分明的政府职能发挥机制

基于国情所决定,我国在住房领域有效地发挥政府职能作用只能采取条块结合的体制。从目前机构设置来看,与住房有关的政府职能部门达到10多个,有的部门内部还有若干机构。层级主要有中央、省(市、自治区)、地(市)、县(市、区)4级。乡镇一级大多数尚空缺。如何把多层级、多部门交叉的职能作用有效地发挥出来,又不互相干扰和抵消,取决于形成职责明确、互相协调的权力运行机制。根据当前现实工作中不协调现象的易发环节,需要加强以下几项工作:

一是国务院和各级地方人民政府成立权威性高的住房委员会,有关职能部门参加,对住房目标、计划、重大政策措施和决策部署提出意见,分别报国务院及地方各级政府批准后执行。

二是规范有关行政部门的职责。把促进住房市场持续健康发展、实现

党和政府提出的住房目标、保障人民群众的住房权利作为履行部门职能的出发点和落脚点,加强协调,形成合力,防止出现缺位和越位现象。

三是明确划分各级政府的住房事权。城市人民政府是负责组织实施的枢纽层级,城市以上的属于宏观领导层级,城市以下的属于具体执行层级。上下各级都要围绕如何发挥好城市政府这一级职能来运转。只有把城市政府的职能准确而有效地发挥出来,才能使整个政府职能体系有条不紊地运行。中央各部门对地方、省级对城市,要有明确的指令性任务和可核查的职责要求。最主要的考核指标是看居民居住条件的改善程度、住房差距的缩小程度(住房保障)、房价与收入的协调程度。最主要的政策保障是住宅建设用地供应、保障资金投入、职能机构运行、市场秩序维护等。抓住了这几条,就可以保证整个住房工作的健康有序进行。其他一些前瞻性、宏观性、辅助性工作,主要通过有关部门的调研和指导,采取有针对性的方法来开展。至于一些具体工作部署,例如住房空置率高不高,住房增长率多少才合适,住房保障是以"砖头补贴"为主,还是以"人头补贴"为主,等等具体操作层面的要求,全国、全省很难"一刀切",应当交给城市政府来自己决定,这样比事事都由上级交办更加有效,更符合实际。层级之间管得过多过细,容易造成多重目标、多头管理、互相干扰等政府职能的内耗。换句话说,政府职能的发挥要看工作效果如何,而不看工作量多少。只有从"以人为本"入手,避免"见物不见人"的作法,切实把群众的居住问题解决好,才是正确的政府职能和成功的管理。

阅读材料:美国救房市计划的新进展

美国新总统奥巴马上任后,议会批准了耗资2750亿美元的救楼市计划。其中2000亿美元支持房利美和房地美对购房者进行再融资,750亿美元支持贷款机构修改房主的抵押条款。美国住房和城市发展部以136亿美元的巨资加大了对低收入家庭的资助,并负责实施救楼市计划。奥巴马政府上任100天的时候，该部在应对住房和经济双危机方面取得了进展。从制定总统的"可负担住房计划"到帮助住户和邻里应对危机，重点在住房保有、城乡社区重建、节能与可持续住房、增强政府职能方面进行努力。

住房和城市发展部在实现法案主要目标中具有重要地位：在近期增加就业；为长期经济增长打好基础；为遭受经济危机冲击最重的家庭和社区提供帮助。其直接投资主要包括：40亿美元支持公共住房，22.5亿美元用于税收信用援助项目，10亿美元用于帮助地方政府改造可负担住房和改革建筑，20亿美元用于租房补贴项目，20亿美元用于邻里社区项目，15亿美元用于防止和救助无家可归者项目。

应对住房危机的首要成果体现在住房的可负担性，帮助700万～900万户家庭减少抵押贷款的还款额，避免他们失去住房。主要通过三种途径：把贷款利息降到历史最低水平——30年固定利息为4.78%；核准400万～500万资不抵债的住房拥有者通过房利美和房地美再融资，降低抵押贷款利息；帮助贷款机构对300万～400万家庭重新组合抵押贷款，把还款额降到房主月收入的31%以下，以防止失去住房。目前执行率已达到88%，有11个贷款机构参与。房利美的投入仅3月份达770亿美元，是2003年来最高的月份纪录。

住房管理局在金融危机中加强了对低收入家庭的保护，同时使中等收入家庭也可以得到住房管理局和房地美、房利美支持的抵押贷款，抵制了欺骗性贷款的泛滥，帮助那些遭受欺骗性、掠夺性抵押贷款损害的购房者重组了贷款，保住了住房。

海湾灾害恢复重建项目继续取得进展。至2009年3月31日，已经有1.3万个家庭受到资助，使他们免受再一次住房危机。同时住房和城市发展部致力于创建"绿色部"。为此设立了可持续住房办公室来监督执行节能住宅和可持续增长。主要目标是：创造绿色工作岗位；节省家庭开支；减少温室气体排放；改善住宅品质和耐久性。节能环保也是奥巴马政府重建计划的核心目标之一。

　　住房和城市发展部致力于提高工作效率，与议会、其他政府部门密切合作，共同应对经济危机。在法案通过后仅有一周的时间，就将该部负责的136亿美元中100亿美元投放到州和地方，其中40亿美元已履行了责任手续，其目的就在于迅速启动经济发展。同时积极推进长期改革。应国会的要求，于2009年4月8日发布了住房危机成因调查的中期报告，表明大部分住房危机产生于次级贷款，同时也有源于经济形势恶化的原因。固定利率的提高也加剧了住房危机。

（根据美国住房和城市发展部网站资料整理）

主要参考文献

1. 杨继瑞主编：《中国经济改革30年——房地产卷》．西南财经大学出版社，2008
2. 陈淮主编：《地产中国——引导我国房地产业健康发展研究》．企业管理出版社，2008
3. 成思危主编：《中国城镇住房制度改革》．民主与建设出版社，1999
4. 徐滇庆：《房价与泡沫经济》．机械工业出版社，2008
5. 李剑阁主编：《中国房改现状与前景》．中国发展出版社，2007
6. 陈劲松主编：《公共住房浪潮》．机械工业出版社，2006
7. 阿列克斯·施瓦兹：《美国住房政策》．中信出版社，2008
8. 张跃庆、丁芸：《房地产经济学》．中国建材工业出版社，2005
9. 刘长滨、周霞主编：《房地产金融》．中国电力出版社，2008
10. 鞠方：《房地产泡沫研究》．中国社会科学出版社，2008
11. 周伟林、严冀：《城市经济学》．复旦大学出版社，2004
12. 阿瑟·奥沙利文（Arthur O'sullivan）：《城市经济学》第四版．中信出版社，2003
13. 中国人民银行：《2007年中国房地产金融报告》．2008
14. 汪丽娜：《美国住房金融体制研究》．中国金融出版社，1999
15. 田东海：《住房政策：国际经验借鉴和中国现实选择》．清华大学出版社，1998
16. 姚玲珍：《中国公共住房模式研究》．上海财经大学出版社，2003
17. 徐滇庆、李瑞：《政府在经济发展中的作用》．上海人民出版社，1999
18. 叶剑平、谢经荣：《房地产业与社会经济协调发展研究》．中国人民大

学出版社，2005

19. 刘水杏：《房地产业关联特性及带动效应研究》．中国人民大学出版社，2006

20. 建设部：《住房、住房制度改革和房地产市场专题调研报告》汇编．2006—10

21. 沈建忠：《房地产基本制度与改革》．中国建筑出版社，2008

22. 牛风瑞、李景国：《中国房地产发展报告》．社会科学文献出版社，2008

23. 季朗超：《非均衡的房地产市场》．经济管理出版社，2004

24. 郭全兴：《房地产的虚拟性及其波动研究》．南开大学出版社，2005

25. 冯燮刚：《中国安居之路》．上海远东出版社，2008

26. 中国人民银行课题组：《房地产价格与房地产法律问题》．中国社会科学出版社，2007

27. 罗伯特·希勒：《终结次贷危机》．中信出版社，2008

28. 建设部网站：http：//www.cin.gov.cn/

29. （美）住房和城市发展部网站：http：//www.hud.gov/

30. 城市管理网站：http：//www.urban.management.com/

31. 中国经济网：http：//www.ce.cn/

32. 新浪网产业资讯：http：//www.sina.net/

33. 搜狐焦点房地产网：http：//hh.focus.cn/

34. 中国城市发展网：http：//www.chinacity.org.cn/

35. 人民网：http：//www.people.com.cn/

36. 万方数据：http：//scholar.ilib.cn/

37. 新华网：http：//www.xinhuanet.com/

38. 中国人民银行网站：http：//www.pbc.gov.cn/

39. 建设工程教育网：http：//ww.jiansheqq.com/

40. 张小芸：《美国如何增加房屋自有率》http：//www.istis.sh.cn/

后　记

　　改革开放以来，我在几个单位的领导任上曾多次主持过为职工建造和分配住房，也在担任内蒙古自治区政府副主席职务时分管过5年的建设与住房工作。可以说围绕住房，做过不少微观的具体工作和宏观的协调工作，唯有对住房及房地产理论关心甚少。因而从未有过发表言论的念头，更不曾有过著书论理的想法。但是去年下半年到今年春天，有两件事引起我的深思。一件是从去年7月开始，全国上上下下都在热烈讨论扩大内需应对危机。令人不解的是住房消费这一最大最现实的内需却并没有被看重。中国老百姓传统的基本需求——"衣食住行"四大物质消费中，既然"衣食"已经无忧而又在不断加大安全保障，"行"的车与路已经出台了具体安排与部署，那么"住"就理应得到特别关注。于是在几次会议上大声疾呼"抓住机遇，圆好人民群众的安居梦"，并写成文章希望得到共鸣。这就是从埋头干活转为发表言论的开端。另一件是今年3月，温家宝总理在《政府工作报告》中破天荒地辟出专节阐述住房保障和房地产业的发展，足见中央高层期望房地产业为抵御全球金融危机对我国的冲击作出应有贡献。但是再一次令人不解的是理论界和实业界并未见到富有成果的回应，而是门户之见的攻防、纷争仍在我行我素，供求市场的观望、僵持仍在无奈中延续。看来除非在体制机制方面出重拳，才能激起住宅业焕发生机。中国有全世界最大的住房市场，各方主体都有各自的强势所在，可以说每一根手指都很强健。但是如何把手指手掌形成拳头，以及击向哪里，则只有进行纵横梳理，内外透视，才能准确而有效。于是又产生了把过去形成的一些体会和看法编撰成书的打算，希望能对形成合力做一些铺垫。但是真正动手写起来，理论上"门外汉"的天生弱点马上暴露无遗。好在本人过去几十年的工作都一直追求理性,力戒盲目,形成了遇事愿意探个过去与将来的究竟,还尽量对照一下先行一步国家的经验教训,因而梳理出来的书稿竟然觉得有较强的新鲜感和可读性。

  本书完全是为了解决当前现实问题的实用目的,因而不考虑理论框架,只求内容实、出书快,有抛砖引玉之效。在2009年3月全国人代会期间形成了"试试看"的打算。会后即于3月17日正式开始写作。感谢机关有关领导和同志们提供了必要的方便条件,使我能集中时间潜心写作一个月,完成了初稿。以后又历经一个月的边出差、边修改、边联系出版社,终于在5月23日即开始动笔写作后第66天正式脱稿。感谢中国房地产研究会会长刘志峰先生审阅了全书书稿,给予鼓励和指导,并写出热情洋溢的序言。感谢中国建筑工业出版社能在较短的时间内完成该书的出版发行,与作者共同尽一份对群众安居的使命感和责任心。

  由于各种主观与客观的原因,书中的观点和数据难免有不妥之处,诚恳地希望广大读者批评指正。但愿本书在房地产业理性讨论、和谐发展方面能作出正面的引导和贡献。

郝益东

2009年5月23日

于内蒙古呼和浩特